特権キャリア警察官

日本を支配する600人の野望

Tokitou Kensaku
時任兼作

講談社

特権キャリア警察官

――日本を支配する６００人の野望

ブックデザイン／鈴木正道（Suzuki Design）
カバー写真／乾　晋也

はじめに――権力の源泉

有能かつ、万能とされるキャリア官僚。近年でこそ、あちこちで綻びが目立つようになったものの、やはり選ばれた一握りのエリートであることは疑いない。法律を操り、行政を司って、この国をリードしているのは彼らなのである。

それに伴う権限、権力は絶大だ。

一昔前に大蔵省のスキャンダルが世間を騒がせたが、一キャリアの匙加減一つで、大銀行の命運が決まってしまうほどの影響力を保持していた。道路や新幹線、医薬・医療行政、保険・年金制度、企業の育成・規制、教育制度……いまなお、あらゆる場面で国民とその生活をリードしていると言っていい。

なかでもとりわけ、存在感を高めているのが、全国30万人の警察組織の頂点に君臨し、巨大組織を動かす警察キャリアだ。わずか600人程度の選び抜かれた精鋭が、圧倒的な情報力と強制力を兼ね備え、社会をコントロールしている。

ひとたび警察の捜査を受け、逮捕されることになれば、個人生活は破綻し、大企業ですら、相当のダメージを受ける。また、他省庁のキャリア官僚や政治家にとっても命取りになりかねない。その力は群を抜いていると言うほかない。

本書では、その警察キャリアのアンタッチャブルとされてきた実像に迫る。どんな出世経路をたどり、どのくらいの給与を得て、どういった特権を享受しているのか……。また、彼らの野望、政治との忖度《そんたく》めいた隠微な動き、そしてこれまで秘されてきた事件や不祥事、左遷を含めて明かされることのなかったさまざまなエピソードなどについてもベールを剝がしていく。

そのうえで、本来あるべき姿を、著名なキャリアOBの提言などを踏まえて模索してみたい。いまのままでは、この国をミスリードしかねないからだ。

まずキャリアが誕生した歴史を振り返り、その力の源泉を確認することから始めよう。


日本でキャリア制度が始まったのは、明治維新からしばらくしてのことである。当時、鎖国から脱して間もない日本は、一刻も早く近代国家の体を整え、欧米列強に伍していけるようにと懸命に努めていた。その原動力として求めたのが、優秀な人材であった。そこで、明治政府はドイツ、フランスの官吏養成所を視察し、１８８７年、その仕組みを参考に「文官試験試補及見習規則」を制定したのである。

これに基づいて実施された選抜試験が、キャリア制度の起源となった。試験にパスした者を高級官吏として登用し、国の中枢に据えることで近代化を図ったのである。

この背景には、明治政府を主導した薩摩藩、長州藩による官吏の独占、すなわち藩閥政治による弊害があった。

能力よりも縁故に重きが置かれたため、国政が滞りがちであったのである。

だが、実はこれよりも以前に、別の仕組みが整えられていた。1885年、内閣制度が発足し初代内閣総理大臣となった伊藤博文は即刻、官吏任用問題に着手し、翌1886年、「帝国大学令」を定めて東京大学を帝国大学とし、藩閥にとらわれない官吏養成機関としたのである。

そして、「文官試験試補及見習規則」制定後も、東大卒業者は無試験での任用が認められた。つまり、それぞれの制度が併存していたわけである。しかし、その結果、東大出身者が官吏の多数を占めたため、藩閥が強く反発。そこで、1893年、伊藤内閣は、「文官任用令」と「文官試補及見習規程」を新たに制定し、東大卒業者の無試験任用を廃して、高級官吏すなわち高等文官は文官高等試験（高等文官試験）合格者から採用するよう一本化したのだった。

もっとも、試験による合格者も東大が圧倒的に多く、難関大学に入った俊英が以後も高等官として一般の官吏とは厳格に区別され、ものすごい勢いで出世を遂げ、少壮のうちから多額の俸給を得て、多大なる権力と権限を行使した。1899年、「文官任用令」が改正され、天皇の意思によって任命される官吏である勅任官についても、原則、文官高等試験合格者からの登用とすることとなって以降はさらにその傾向に拍車がかかった。

とりわけ、「官庁の中の官庁」と呼ばれた内務省のキャリアの力は絶大だった。内務大臣が内閣総理大臣に次ぐ副総理格として遇され、また「内務三役」と言われた内務次官、警保局長（現在で言えば警察庁長官）、警視総監も重職とされ、退任後、その多くが貴族院議員に選ばれていたことなどはその象徴だが、それもこれも内務省の職掌が国内行政を総攬《そうらん》するかのように多岐にわたったからだ。

創設当初には、鉄道・通信・土木建設・商工業・地方行政・公衆衛生といった分野に加えて、司法省から移管させた警察（警保局）も傘下に収め、大蔵省、司法省、文部省の所管事項を除いた国内行政の大半を担った。

国民生活全般を監視し、上からの近代化の推進力となったのである。国民の精神面にまでも関与した。国家神道ひいては皇室にも深くかかわったのだった。

その後、商工省や逓信省、厚生省などが作られ、表面上、所管分野が減ったかに見えたが、内務省キャリアは都道府県知事を務めて、実質的に地方行政をコントロール下に置いていた。それを通じて厚生省に圧倒的な影響力を行使するとともに、文部省にも手を伸ばし、事実上支配下に置いたのである。

さらに、戦時下になると、防空や国土計画等にも関与するようになった。また、内務省直轄の警察組織である全国の特別高等警察や監督下にある都道府県庁をフルに活用し、「国民精神総動員運動」や「産業報国運動」などの指導権も握った。前者は、「欲しがりません勝つまでは」などの標語を次々と生み出して国民を鼓舞し、後者は労使一体となっての軍需生産を励行した。

指導の末端は町内会や企業単位にまで及び、造反者には言論統制、思想弾圧を辞さぬ強制的な姿勢で特別高等警察が対応にあたり、国民一人ひとり、国内の隅々に至るまで完全に掌握していったのだった。

それゆえ、終戦直後、GHQ（連合国総司令部）は特別高等警察や国家神道の廃止を即刻、指示した。警保局からは公職追放の対象となる官僚が続出した。

また、1947年5月には日本国憲法が施行され、それに伴い、それまで内務官僚が就任していた都道府県知事は公選とされ、地方行政の民主化が図られた。そして、同年末、内務省が廃止され、所管分野は各省庁に分散されたのである。警察は新たに定められた警察法に基づき、新体制となった。

だが、権力の集中を排し、民主的で相互監視が可能な組織作りを目指したGHQのさまざまな改革も不徹底に終わった。省庁の再編が精一杯で、その内側までは手が伸ばせなかったのである。

それを象徴した最大のひとつがキャリア制度であった。

GHQの意向を受け、文官高等試験は廃されたものの、名称を変えて国家公務員上級甲種試験として存続した。高等文官も呼称だけ変わって、上級職あるいはキャリアと呼ばれるようになったに過ぎなかった。

その後、キャリア試験は国家公務員I種、国家公務員総合職と変遷したが、やはり中身は変わらず、今日に至っている。結果として内務省のような巨大な官庁こそなくなったものの、各省庁を支配する高級官吏の存在はそのままであった。また、警察においては内務省の傘を離れ、組織自体、一時期は分権化されたが、あっという間に中央集権的な形へと戻されたのである。

しかも、内務省の系譜を引く警察キャリアたちは、その再興すら目論んだ。のちに副総理となった後藤田正晴氏は「内務省を復活させなければ死ぬに死ねない」と言い、やはり内務省出身の中曽根康弘総理に進言。総理は検討したものの、最終的には断念し、その代わりに総務庁が設置された。後藤田氏はその初代長官となっている。

一方、このエリート集団は、解体後も水面下で結びつきを持ち続け、それは現在なお存在している。

そのひとつが、内閣官房副長官の椅子だ。これに就任するのは、総務省・警察庁・国土交通省・厚生労働省すなわち「内務省系官庁」出身者からという暗黙の決まりがある。また、近年まで、この「内務省系官庁」の現役・OBをまとめた「内政関係者名簿」なるものも作成されていた。かくして、隠然たる影響力を行使し続けてきたわけである。

なかでも警察キャリアのエリートぶりは突出していた。内務省解体直後の混乱期こそ敬遠されはしたものの、それ以降はキャリア試験の優等者が次々に入庁した。上位の成績でないと、警察庁に入ることは難しいとされ、警察キャリア自身が明かしているように「試験で1番、2番を取って入庁した者が、将来の警察庁長官、警視総監候補という暗黙の了解」があるためだ。

実際の人事は必ずしもそうはなっていないが、意識のうえでは、警察官僚はいまなおエリート中のエリートなのである。

しかも、彼らの背後には、近代国家の成立以来の歴史と伝統、権威といった目に見えない力が影のようにまとわりつき、いまや畏怖の対象とさえなっている――。

特権キャリア警察官　目次

はじめに――権力の源泉　3

第一章　警察キャリアの「出世の階段」　17

「勅任官」の誇り
現場経験が不足している
「準キャリア」とは明白な待遇差が
給与／住居／個室と秘書、車／天下り

第二章　人事をめぐる暗闘　63

警察庁長官レースの裏側
もうひとつの「TBS幹部の不祥事」
NHK会長をめぐる情報戦

第三章 都道府県警察の罪と罰①——東日本編

「政権のご機嫌を損ねるな」
意外な警視総監人事
名物女性記者へのネガティブキャンペーン
週刊誌記者の情報源を探れ
「官房副長官の椅子」を目指して
怪文書騒動
「安藤長官潰し」の情報テロ
内務省再興の野望
「警視庁」に込められた意味
各都道府県警の「格付け」とは
1．北海道警●「警察庁直轄組織」の裏金隠蔽体質
2．青森県警●「体質が古い」と批判の声
3．秋田県警●連続児童殺害事件で大失態
4．岩手県警●「懲戒処分率全国No.１」の汚名返上目指して

5．山形県警●粘り強い捜査力に定評、ＮＨＫ記者も立件
6．宮城県警●女子名大生の連続殺人未遂を見逃したずさんな捜査
7．福島県警●果敢な「東電捜査」とパワハラ不祥事
8．新潟県警●事件発覚当日に温泉で麻雀。警察史に残る失態
9．長野県警●「あさま山荘事件」の屈辱と松本サリン事件の誤認捜査
10．茨城県警●度重なる地域政治の腐敗に挑む
11．栃木県警●リンチ殺人事件の大失態で被害者両親が提訴
12．群馬県警●女児誘拐、ストーカー殺人など未解決事件多数
13．埼玉県警●身内の殺人事件で説明を避け続けた本部長
14．山梨県警●事件解決は「警視庁頼み」⁉
15．千葉県警●市橋達也の長期逃亡を許した「初動ミス」
16．警視庁●捜査＋治安維持、ＦＢＩとＣＩＡを合わせた組織
17．神奈川県警●「不祥事隠蔽マニュアル」まで作った問題連発県警
18．静岡県警●比較的平穏な県だが、県警刑事部長が突然自殺
19．愛知県警●暴力団「弘道会」の本拠地、警察官脅迫事件も
20．岐阜県警●町長暴行、市長の汚職疑惑など、政治がらみの案件が
21．富山県警●週刊文春に送りつけられた犯行告白ＣＤ
22．石川県警●不祥事続出でも県警トップにお咎めなし

23．福井県警●全国唯一の「原子力関連施設警戒隊」を設置

第四章　伝説と栄光のキャリア官僚たち

後藤田官房長官との絆
日本のＭＩ６を創設せよ
「伝説の警察官僚」に誘われ
捕まえることだけが仕事ではない
「靖国公式参拝」のウラ舞台
暴力団事務所で演説
自民党本部侵入事件で「進退伺」
現場主義に徹する「警備のプロ」

第五章　都道府県警察の罪と罰②——西日本編

24・滋賀県警●グリコ森永事件の犯人を取り逃がす歴史的失態
25・三重県警●ストーカー被害放置で大惨事を招き、謝罪
26・奈良県警●天下り先の佐川急便に便宜供与、収賄で送検
27・和歌山県警●和歌山カレー事件解決の本部長が高評価、長官に昇進
28・京都府警●いまだ未解決「餃子の王将」社長殺人事件の混迷
29・大阪府警●本部長は「本庁局長級」の重要ポスト
30・兵庫県警●山口組分裂騒動に伴う事件多発
31・鳥取県警●準キャリアの本部長就任も多い人口最少県
32・岡山県警●児童、老人を被害者とする未解決事件が続出
33・島根県警●拉致、密輸など北朝鮮がらみの事件捜査に奮闘
34・広島県警●岩国基地の米兵事件、自衛官の事件も
35・山口県警●なぜか処分が見送られた米軍関係者への猟銃不法譲渡
36・香川県警●警視総監、内閣情報官を輩出した「出世県」
37・徳島県警●大阪府警に家宅捜索された面子丸つぶれの県警

38．愛媛県警●裏金、性的暴行など古い体質の不祥事がいまなお
39．高知県警●新人警察官82人中24人が退職した職場
40．福岡県警●「特定危険指定暴力団」の壊滅作戦に着手
41．佐賀県警●交通事故数「過小申告」の背景に本部長の叱責
42．長崎県警●長崎市長を狙った2件の銃撃事件
43．大分県警●民進党を隠しカメラで「監視」した県警の見識
44．熊本県警●「天下一家の会」の再現!?となった出資法違反事件
45．宮崎県警●相次ぐ未解決事件、捜査対応の鈍さが指摘される
46．鹿児島県警●自白強要の志布志事件、婦女暴行冤罪事件
47．沖縄県警●「日米地位協定の壁」に翻弄されるが、長官・総監も輩出

第六章　警察キャリアの事件簿　229

警察キャリアはなぜ立件されないのか
不倫相手から２００万円を受け取り
逮捕を免れ、ひそかに退職
パチンコ業者や芸能人とド派手な交遊

「深く反省している」
相次ぐ不祥事

第七章　変わりゆく警察キャリア　245

裏金問題という悪しき伝統
人事の独立が侵されている
官邸で重用される警察キャリア
告発された大幹部
政治との異常接近の弊害

あとがき　260

参考文献　263

第一章

警察キャリアの「出世の階段」

「勅任官」の誇り

「わたしは勅任官だ。天皇に任命されているのだから――」

ある老齢の警察キャリアOBが、以前、取材の最中にそんなことを口にした。途中で言葉を切ってしまったので想像の域を出ないが、ひょっとすると、「一般庶民とは違う」あるいは「君たちとは違う」と続けたかったのかもしれない。

事実から言えば、この警察キャリアは勅任官ではない。

なるほど彼の数年先輩には、高等文官試験を受けて内務省に入り、その後、警察庁に移った人物もいる。こちらはまさに勅任官であるが、そうした上司や先輩の指導を受けて職務にあたるうち、勅任官としての自負と矜持を共有するようになったのかもしれない。その歩んできた道筋には、確かに「勅任官」時代の名残が感じられる。将来、警察を背負って立つ者、エリート中のエリートとして特別に遇されてきたのである。

以下がその略歴だ。

26歳

「警視で県警の警備系の課長に出た時には、あまり仕事をさせてもらえなかったね。部下は何十人といるんだが、次席つまりは課長補佐がみんな取り仕切っていて、わたしがするのは決裁印を押すだけ。報告書を見て、一言言えば、あっという間に補佐がやってくれるという按配だった」

畏れ多いといわんばかりに、実務にほぼ触らせてもらえなかったという。そして、夜は高級料亭などで有力企業や県の幹部らとの宴席を、適度な割合で設定してもらった。送迎こそなかったものの、専用車も運転手も付いており、領地を視察に来たお上のような処遇だったという。

32歳

「警視正になって警察庁の理事官になった。企画書や法案の下書きを作ったり、政府答弁の書面を作ったりと、初めて仕事らしい仕事をしたね」

40歳過ぎ

「警視長として小規模な県警の本部長に出た」

入庁20年程度、40歳そこそこで本部長、つまり県警のトップになっている。民間であれば課長あたりといった年齢だが、いわば役員待遇。まさに高級官吏ということだ。

専用車で登庁したあとは、豪華なソファを並べた応接セットのある広大な個室で、広々とした机に向かって執務に当たるものの、部長や課長らが決裁を求めて、緊張した面持ちで訪れるのは限られた時間だけ。それ以外は穏やかに時間が流れる。

昼は係員が食事とお茶を用意。そして、日が暮れる頃となると、県知事や有力政治家、企業トップらとの宴席である。

夜が更けて戻るのは、豪壮と言ってもいいほど立派な公舎。たまに緊急の連絡が入ることもあるが、たいていは警務部長が対応したあとの報告程度のことであったという。ビジネスチャンスをめぐってきわどい経営判断を迫られる企業幹部とは、まったく別の時間が流れていたようだ。

現場経験が不足している

その後輩たちはどうか。

ここ最近のことに話を転じよう。

警察キャリアは毎年15～16名、多い時には20名前後が入庁し、35年程度は勤務する。つまり、全国30万人にも及ぼうとする警察官らをわずか５５０～６００名程度でコントロールしているわけだが、キャリアによる不祥事が全国的に続発したことを受け、２０００年に設置された「警察刷新会議」による見直し以降、その昇進速度は抑えられることになった。

刷新会議は、とりわけ20代での昇進の速さに着目し、こんな指摘をしている。

《キャリア警察官は、警部補として採用されると、警察大学校での研修や都道府県警察での9か月間の見習い勤務を経験しただけで、1年2か月後には警部に昇進する。その後、約2年間の警察庁勤務を経て、4年目には警視に昇進（今年からは警視昇任を順次延長）、県警の捜査2課長や公安課長などのポストに出向する。しかし、若い時期における現場経験は必ずしも十分でなく、時に、国民の感覚から遊離し、指揮官としての資質に疑問符がつくキャリア警察官が見受けられるのも、こうした現場経験の不足に因るところが大きいのではないか》

そのうえで、警視昇進を30歳前とするとの方針を示したのだが、実際には警部昇進までが3ヵ月ほど、また警視昇進では2〜3年ほど延ばされたに過ぎず、代わりに理事官などに就く警視正昇進を5〜6年、本部長昇進を7〜8年と順次、ペースダウンさせることになった。

「全体的に見ると、20代の警部時代は希望して海外に留学する者と、警察署の課長代理として現場を経験する者とに分かれるのが最近の特徴です。

以前は、課長代理を1年、留学を2年、そして留学した者は5年後に警視になっていましたが、どちらかを2年というような形になりつつあります。また、警視になって県警に課長として出る数が減り、署長になるキャリアもあまり見られなくなりました。それが近年の変化です」

キャリア形成に詳しい警察幹部は、最近の動向についてそんな補足をしてくれた。

そのほかのキャリアたちからの聞き取り取材も含め、また警察庁の採用案内なども参照してまとめると、現在ではおおよそ次のようなコースをたどって出世の階段を上がっていくことがわかった。

なお、警察の階級は、巡査、巡査部長、警部補、警部、警視、警視正、警視長、警視監、警視総監と9段階ある。警視総監よりも上位の警察庁長官は、階級を持たない特別な警察官であり、したがって階級を示す記章である階級章もないが、その代わりに、「警察庁長官章」というものが用意されており、図柄は警視総監の階級章が4連の日章となっているのに対し、5連の日章があしらわれている。

22歳前後

警部補として入庁直後、人事院と警察大学校で約5ヵ月の研修を受ける。この間、警察行政や捜査実務のほか、拳銃や柔道、剣道の訓練も受け、交番勤務も経験する。それから警察大学校に戻って再度研修を受ける。

その後、大都市圏の県警等で見習い勤務に1年間ほど就く。

警察庁の採用案内（HP、パンフレット）には、こんな経験談が記載されている。

【初任幹部科初任課程で、人事院研修も含めて約5ヵ月の研修。警察行政、捜査実務、柔道・拳銃等の術科を学びつつ、幹部候補生としての心構え、ノブレス・オブリージュの精神をたたき込まれる。文字どおり同じ釜の飯を食べ、共に学んだ同期との絆は一生の財産。渋谷の宇田川交番での制服勤務の緊張感は昨日のことのよう。被害届を丁寧に受理することの大切さを教えてくれた当時の指導巡査は今でも良き現場の先生】（採用案内から。〈　〉は筆者注＝以下同）

【〈見習い期間は係長として〉神奈川県川崎警察署と神奈川県警察捜査第二課で勤務。巡回連絡、泥酔者の保護、交通違反取締り、被疑者の取調べ、被害者・参考人の事情聴取、尾行・張り込み、協力者からの情報収集、関係機関への捜査関係事項照会、財務捜査等に従事。自らの手で被疑者に手錠をかけ逮捕権限の重みを実感。地道に粘り強く個々の事案・事件、犯人や被害者と向き合う現場の先輩達との勤務で、治安の礎が如何にして支えられているかを目の当たりにする】

24歳前後

警部に昇進し、2～3年間は警察庁の各課に配属され、係長として行政の仕事に当たる。その後、海外留学をするか、あるいは警察署に出て刑事課や警備課、交通課などの課長代理として現場経験をする。

後者の場合、経験豊富な警察署の係長らが全面的にバックアップする。

【〈警察庁の〉人事課では採用活動や法令協議、総務課では情報公開や政策評価の施行に関する業務に従事。特に係長2年目として勤務した総務課では、国民の厳しい声の中で警察の在るべき姿を見直す警察改革の一環として、警察行政の透明性を確保するため、行政文書の開示・不開示の判断基準や政策評価の実施手続の策定等に携わる】

【米国・ミシガン大学で公共政策学修士号を取得。折しも、渡米直後に9／11同時多発テロ事件が発生。国を挙げてのテロ対策が強化される中、安全と人権の調和について米国を始め各国の友人と議論を重ねる。米国の先進的な治安対策やテロ対策を学びつつ、人種や宗教にまつわる対立も具体的に理解でき、官民協力の進んだ日本ならではの対策の可能性に想いを馳せる】

【「警視庁から各局〈関係部署のこと〉。新宿管内、応援要請。職質拒否者扱い中。対象はヤクザ風の男、薬物使用の疑いあり。場所、新宿区歌舞伎町。」

もはや日常茶飯事になってしまった無線を傍受するや、捜査車両に乗り込み現場に向かう。騒然とした現場。そこには数十人ものヤクザが集まり、被疑者を奪還しようと警察官と攻防を繰り広げている。人混みをかき分けて中心に向かう。飛び交う怒号を背景に所持品を検査すると白色結晶が見つかる。そう、覚醒剤である。

これが歌舞伎町の日常。昼夜を問わず窃盗、傷害、薬物事犯等のあらゆる事件が発生する街。暴力団事務所が軒を連ね、暴力団構成員等による事件が多発する街。このような街「歌舞伎町」を管轄する警視庁新宿警察署において、私は組織犯罪対策課長代理として勤務しています。

課長代理として私が担当する分野は、拳銃事犯や覚醒剤、大麻、危険ドラッグといった薬物事犯です。これらに関する事件は犯罪組織の資金源となっていることもあり、暴力団事務所が多い当署管内での発生は後を絶ちません。

課長代理は、これらの事件について、犯人検挙に向け捜査員に対し指揮を行うとともに、事件発生の際には自ら現場に臨場し、擬律判断〈犯罪にどの法規を適用するかの判断〉を行わなければなりません。正に法律と現実の狭間において決断を迫られます。こうした捜査指揮に加え、課長代理としての重要な仕事は、部下の業務管理・人事管理です。実際に私には十数人の部下がいますが、このチームのかじ取りを任されるのが課長代理なのです。チームを生かすためには部下に使命感を持たせ士気を高めるとともに、部下が働きやすいよう勤務環境にも配意しなければなりません。その過程で様々な困難に直面することもあります。時には部下と共に悩み、時には厳しい決断をしなければならない場面もあります。さらに、課長代理は、休日・夜間帯における署の責任者として宿直勤務にも従事し、警察署の代表としての判断を下さなければならない場面もあります】

29歳前後

警視となり、5〜6年の間、警察庁と県警、あるいは他官庁を行き来する。警察庁の課長補佐として企画立案や行政文書の作成などにあたる一方、県警本部に出る場合は捜査二課長や外事課長などを務める。

警視庁捜査一課のナンバー3である管理官などに就くこともある。ノンキャリアの上司、部下と綿密な連携を取り、捜査にあたるよう指導されている。

【〈警察庁の〉捜査第二課と人事課で勤務。捜査第二課では、選挙担当として、厳正公平な違反取り締まりを行うため全国を指導。取調べ監督制度の契機となった無罪事件では、全国に適正捜査の重要性を指導。人事課では、東日本大震災直後の被災地へ赴き、警察官緊急増員の必要性を財政当局に訴える。「警察庁の仕事は予算、人員、制度で現場を支援すること」という先輩の言葉を胸に、粘り強く知恵を絞る】

【自分に課長が務まるのだろうか。警察庁出身者で都道府県警察本部の課長を経験する人は、誰しも一度は思うのではないか。私の事件捜査の経験は、入庁直後の約一年間のみ。一方、課員の中には私が生まれる前に警察官になった者もおり、ベテランぞろい。経験豊富な上司から詳細な事件指揮を受け、至らない自分を反省することも。それでも毎日が楽しいのは、一つ一つの相談内容を確認し、被害者のためにどうすれば犯人を捕まえることができる

か、被害を防ぐために何ができるか、共に検討しそれを実行することができる仲間がいるからだろう】

35歳前後

警視正に昇進する者が出始める。警察署長や大使館勤務を経て、その後、警察庁の理事官などに就任する。

なお、署長になる場合、かつては東大を預かる本富士署長や目黒署長などが定番であったが、最近では三田署など別の警察署に配属されることも増えてきている。警視正になる前の段階で就任することが多い。

【署長としての私の大きな仕事は、管内における治安上の優先課題と優先的取組の決定です。

昨年9月、当署管内である多摩市の北部では、建築中の家屋に対する放火火災が6件連続して発生しました。この連続放火は、人的被害こそなかったものの、延焼のおそれも含めて、管内住民に著しい不安を与えるものでした。当署では、警視庁本部から派遣された捜査員を含む100名近い捜査体制に加えて、独自に50名近い規模の夜間警戒部隊を編成し、被疑者の早期検挙と更なる発生の阻止を図りました。この大規模な体制の構築は、当然ながら、普段から24時間体制で活動している警察署・交番の機能を維持した上でのものでした。

そのため、通常は4交代としている交番の勤務を3交代にするなど、警察署全体が過酷な勤務をすることとなりましたが、その甲斐もあり、更なる放火の発生もなく、約2か月後に、22歳の被疑者を逮捕することができました。

また、安全・安心のために必要な様々活動に地域の協力や理解を得ることも、署長としての重要な仕事です。防犯パトロールや各種キャンペーン、街頭防犯カメラの設置などは、いずれも地域住民の方々や関係機関の協力や理解がなければ成り立ちません。対外的に警察署を代表する立場として、各種イベントや会合において、管内における犯罪や事故の情勢・分析結果、防犯や交通事故防止のために心掛けていただきたいことなどを説明しています】

【〈大使館の専門職員である〉警察アタッシェとして、中国情勢をウォッチしつつ、国境を越える犯罪に香港、マカオ両警察のカウンタパートと共に対処。活動家の尖閣諸島上陸もあって、日中関係が厳しい情勢となる中、邦人被害の暴行事件を迅速に処理して「正義を実現する目的は同じ。」と語った香港警察幹部の意気に感じるものあり。変化する国際情勢において強かに立ち回る術を学ぶとともに、人々の安全安心を守る仕事の普遍性を再認識】

【〈理事官になり〉殺人や「魂の殺人」と呼ばれる性犯罪等重要犯罪に対する捜査力強化、国民の不安が大きい重要窃盗犯の検挙向上、犯罪死を見逃さない適正な検視活動、誘拐・人質立てこもり等の特殊事件対応を所掌する捜査第一課で勤務。課長を支え課の人事管理や業務運営に腐心。全国捜査員の熱い刑事魂に励まされつつ、その支援策を同僚と練る日々が続

く】

40歳前後

小規模の県警の警務部長などを務める者も出てくる。

この場合、本部長になる時と同様、地縁・血縁との関係を避け、原則として出身県は除外される。

45歳前後

警視長になって、警察庁直轄の警視庁、北海道警を除く大規模府県警の警務部長、管区警察局の部長などを務める。47〜48歳の頃には小規模県警の本部長や警察庁の課長となる。

ちなみに、大規模府県警とは政令指定都市を含む地域を管轄している京都・大阪府警ほか12県警（宮城、埼玉、千葉、神奈川、新潟、静岡、愛知、兵庫、岡山、広島、福岡、熊本）のことであり、本部長は熊本を除き、民間企業で言うならば役員に相当する指定職入りした警視監ポストである。

一方、小規模県警は警視庁、北海道警および14の大規模府県警を除いた県警を指している。小規模県警の中には捜査部門が拡充され、本部長席が警視監ポストである県警（福島、茨城、栃木、群馬、長野、岐阜、山口、長崎、沖縄）があり、こちらは中規模県警とも言われる。

人事院の規定によれば、指定職すなわち警視総監、警視監ポストは24であり、熊本県警は小規模扱いとなっている。この序列に従って再整理しておくとこうなる。

警視総監ポスト（1）

警視庁

警視監ポスト・大規模（道府）県警（14）

北海道警、宮城県警、埼玉県警、千葉県警、神奈川県警、新潟県警、静岡県警、愛知県警、京都府警、大阪府警、兵庫県警、岡山県警、広島県警、福岡県警

警視監ポスト・中規模県警（9）

福島県警、茨城県警、栃木県警、群馬県警、長野県警、岐阜県警、山口県警、長崎県警、沖縄県警

警視長ポスト・小規模県警（23）

青森県警、秋田県警、岩手県警、山形県警、山梨県警、富山県警、石川県警、福井県警、滋賀県警、三重県警、奈良県警、和歌山県警、鳥取県警、島根県警、香川県警、徳島県警、愛媛県警、高知県警、佐賀県警、大分県警、熊本県警、宮崎県警、鹿児島県警

【千葉県警察本部の警務部長を務めています。人事、福利厚生、研修、規律の保持など職員の公私にわたる生活のフォロー及び組織や業務運営の合理化・効率化などを担当する警務部のトップであるとともに、本部長を支える立場として、県警の番頭さんのような役割です。千葉県警は約625万人の県民の安全・安心を約1万2千名の職員で支えていますが、この大所帯で、個々の職員が誇りとやりがいをもって活躍してもらえるよう、日々、部下の皆と知恵を絞っています】

【〈本部長としての〉私の仕事は、2300人の部下一人一人に確信（やりがい）を持たせ、最大のパフォーマンスを発揮するように動かすことだ。警察庁に採用された者にとって、仕事をするということは、人を動かすということと同義であることが多い。

広い県内を神出鬼没に動き回り、部下には誰にでも気さくに声を掛ける。自分が実現しようとしている政策を説明し、その理解を、支持を、共感を得る。政策実行作業の具体的な任務分担や作業手順を計画する。作業の途中では、苦戦する者を励まし、よく頑張った者は率直に褒める。仕事が成功したときには、その意味や価値を皆で再確認し、喜びを分かち合う。

本部長の指揮の下、県警察が統一された意思に従って一糸乱れず政策を実行するといえばかっこいいが、結局、警察の政策というのは、具体的には本部長の毎日の極めて人間くさい部下との交わりによってのみ実現するのだろう。

大勢の部下と価値観を共有し、目的を共有し、それを実現する苦労を共有し、それが実現した喜びを共有する。その結果、多くの県民が幸せに暮らせるようになる。痛快であること、この上ない】

50歳以降

警視監としてほぼ全員が指定職入りし、警察中枢幹部となる。前半は大規模県警を中心とした県警の本部長や警視庁の部長などを務め、その後、警察庁の審議官等を経て、管区警察局長や警察大学校長、警察庁の局長へとさらに昇進していく。

が、ここまでキャリアを終え、管区警察局長や警察大学校長を最後に退職していく者が大多数だ。

同じ管区警察局長のポストを同期入庁の者が1年ずつ務めて退職していくようなケースがまま見られるが、7管区で同様にすれば2年で14のポストができ、これに管区と同格扱いの北海道警の本部長席を加えれば、15。さらに警察大学校長なども含めれば、ほぼ同期入庁者の全員に最高幹部としてのポストが割り振れる。

逆に言えば、その手当てをしたうえで、退職を迎えてもらおうという仕組みができているわけである。

ただし、本書の冒頭で触れた通り、入庁成績の1番、2番、あるいはそれまでのキャリアの中で頭角を現してきた限られた者は最後に残された階段を上り詰めていく。

警視総監と警察庁長官のことだ。前者は58歳前後、後者はその1年くらい上であることが多い。

同期のひとりが警視総監になる頃、官房長あるいは警察庁次長となったもうひとりが、その後、警察庁長官に就任するケースがまま見られるのは、こうした事情からである。

なお、管区警察局長などに就かず、内閣官房等に出向したまま退職を迎えるキャリアも少数ながらいる。

「準キャリア」とは明白な待遇差が

こうして見てみると、内務省の影を色濃く背負って警察エリートとしての道を歩んだ先輩と比べると、やや「庶民化」したようだ。とはいえ、ほかの警察官と比べれば、やはり別格である。

そもそも、一般の警察官すなわちノンキャリアの場合は、巡査からスタートし、最速で昇進したとしても巡査部長になるのは23歳前後。警察に入って1年以上の研修などを受けたうえ、配属されてから大卒で1年、高卒で4年の実務経験を必要とするからだ。

そして、その後、大卒の場合は1年、高卒だと3年の実務を経て、警部補試験資格が得られるため、警部補は最短でも25～26歳。以降は、それぞれ数年間の経験を踏めば警部、警視と昇進することも可能だが、大多数は警部補止まりであり、最も昇進しても警視長までである。

しかも、警部以降の昇進試験は急激に狭き門となり、仕組みとしては30歳で警部、35歳で警視、45歳で警視正、50歳で警視長というコースもあるものの、そんな警察官はほとんどいない。ごくごくまれに35歳で警視、45歳で警視正となれた者がいたとしても、警視長になるのは60歳の退職間際というのが実際のところである。

それから、準キャリアと呼ばれる存在もあるが、やはり昇進など待遇面で明確な違いがある。正式には国家公務員一般職試験（旧国家公務員Ⅱ種試験、国家公務員中級試験）に合格して警察庁に採用された警察官のことである。入庁すると、すぐに巡査部長となり、その後はキャリアと同じく無試験で昇任するが、階級は警視長止まりであって、最も出世した者でも小規模県警の本部長、警察庁の課長に就任するのがせいぜいだ。警視監となって大規模県警の本部長や管区警察局長、警察庁の局長などになることはまずない。

ちなみに、これは近年、始まった採用制度であって、国家公務員試験が上級、中級、初級と区分されていた時期には中級合格者が警察庁に採用されることはなかった。代わりに、都道府県警から優秀な警察官の推薦を受け、警察庁に採用した。

が、警察庁採用となると、元の所属先から転籍し、地元には戻らず全国を転々とすることになるため、敬遠する者が増え、次第に必要人数を確保できなくなった。そこで、採用方針を変更した結果、現在のような採用形態になったのである。

●給与

警察官の俸給すなわち給与は階級だけでなく実務経験の年数も加味して決まるため、幅があるものの、国と地方の俸給規定を見て平均値をとると、おおよそこうなっている。

（階級）	（月収）	（年収）
巡査	22万円	360万円
巡査部長	34万円	557万円
警部補	40万円	656万円
警部	43万円	705万円
警視	47万円	820万円
警視正	60万円	984万円
警視長	70万円	1148万円
警視監	90万円	1476万円
警視総監	120万円	1968万円

これを見ると給与面の優遇が明らかだ。そもそもキャリアの場合、警部補からスタートするから、その時点で巡査の2倍近くの給与があり、1年数ヵ月すれば警部に、そして数年のうちには警視となって昇給する。また、最終的に警視総監に就くとすれば、警部補のおよそ3倍、警視正の2倍の給与をもらえる。ほぼ全員がなる警視監であっても、警部補の2倍以上、警視正の1・5倍である。もちろん、退職金額もこれに準じている。

●住居

住居の面でも恵まれている。あるキャリアはこんなことを明かしている。

「県警の部長や本部長になった際には、広々とした豪華な公舎住まいがありがたかった。警察庁に戻って東京都内に住むと、家族がいても60㎡とか70㎡程度。もっとも警視庁は別で幹部用となると90㎡4DKなんて部屋もある。家賃も職務によっては無料。払っても数万円程度だから、その点だけを考えると、警察庁の課長や審議官よりも警視庁の部長のほうがいい」

もちろん、一般の警察官にも官舎はある。が、ここまでの広さは望めない。また、通勤時間がかかる不便な立地になっている事実もある。

ちなみに、警視庁の本部長たる警視総監の公舎は皇居脇、千代田区隼町にある。正式には

「警視庁隼町分庁舎」と言われ、およそ640㎡の敷地に立つ鉄筋コンクリート造りの建物だ。また、隣県の神奈川県警本部長公舎は、横浜市の山手町にある5LDKの二階建て。敷地面積は約300㎡で、その家賃は無料だ。

●個室と秘書、車

職務環境も厚遇されている。

警察刷新会議以降、自宅や公舎からの送迎専用車は急速に減らされ、現在は警察庁では局長以上、県警では本部長、警視庁では原則、部長以上と限られてきてはいるものの、専用車は捜査官もしくは事務官が運転を担当。また、県警の課長以上になれば、個室があり、庶務係という名目での秘書も付く。

実務面の優遇もある。さるキャリアは自嘲気味にこう語った。

「県警に課長で出た時には、何十人かの直属の部下がいて、その人事面での管理はしたが、実際の捜査などにはほとんどタッチせず、県警プロパーの課長補佐や管理官がもっぱらその任にあたっていた。楽と言えば楽だが、お客様扱いのように感じた。早く警察庁に戻ってくれればいいというような。

そのあと警視庁の部長になった時には、重大な捜査事案ですら素通りしていくので、腹が立った。あなたにはわからないでしょう、と思われているのがわかったからだ」

仮にやる気があっても、実際の捜査案件には触らせてもくれないようなことさえ往々にしてあるというのだ。

●天下り

退職後も恵まれている。かつてキャリアOBがこんなふうに語っていた。

「調査を必要とする生命保険・損害保険会社はとくに、刑事の捜査能力、公安の情報力を必要としているし、鉄道や航空、警備会社も同様だ。それから、交通部門のキャリアは自動車や道路関連の企業に求められ、生活安全部門は管轄するギャンブル業界から請われる。いずれにせよ、給料が高く待遇のいい優良な天下り先には困らない。しかも、どこの企業に行こうと顧問とか役員待遇だ」

警察キャリアは一生涯、特別待遇というわけだが、最近もそうなのか。調べてみると、おおむねそれが裏付けられた。

ここ2~3年の天下り先には大手の保険会社が多く、鉄道や交通、警備関連の優良企業、団体も目に付く。事例を列挙しておこう。カッコ内は就任時期を示している。

米田　壮　（警察庁長官）　➡東京海上日動火災保険顧問（'15年4月）
倉田　潤　（警察庁交通局長）　➡日本緊急通報サービス理事（'15年4月）

干場謹二（近畿管区警察局長）➡あいおいニッセイ同和損害保険顧問（'15年5月）
鎌田　聡（中国管区警察局長）➡国際交通安全学会役員室付（'15年5月）
横山雅之（関東管区警察局長）➡全日本指定自動車教習所協会連合会専務理事（'15年6月）
竹内直人（警察大学校長）➡明治安田生命保険相互会社顧問（'15年7月）
篠原　寛（九州管区警察局長）➡東京海上日動火災保険顧問（'15年12月）
平野和春（中部管区警察局長）➡三井住友海上火災保険顧問（'15年12月）
鈴木基久（警察庁交通局長）➡総合警備保障常務執行役員（'16年4月）
佐々木真郎（近畿管区警察局長）➡表示灯顧問（'16年4月）
大平　修（関東管区警察局長）➡三井住友海上火災保険顧問（'16年5月）
久我英一（皇宮警察本部長）➡九州旅客鉄道監査役（'16年6月）
室城信之（北海道警本部長）➡道路交通情報通信システムセンター常務理事（'16年6月）
木岡保雅（東北管区警察局長）➡全日本交通安全協会審議役（'16年6月）
大庭靖彦（中国管区警察局長）➡三井住友海上火災保険顧問（'16年10月）
種谷良二（警察庁生活安全局長）➡あいおいニッセイ同和損害保険顧問（'17年6月）
竹内浩司（東北管区警察局長）➡アメリカンファミリー生命保険顧問（'17年8月）

ただし、ギャンブル関連については、準キャリアのポストになっているようだ。

「パチンコや競馬などは、キャリアにとってイメージがよくないので」

再就職事情に通じる警察幹部は、そう解説した。

かつてパチンコ業界に出資したとして、警察官のための損害保険代理店「たいよう共済」に非難の目が向けられたことがあった。また、馬主の身元照会や競馬の公正確保に必要な調査等を行う「競馬保安協会」には、常に暴力団、犯罪者集団の問題がつきまとっている。こうした事情から、キャリアは敬遠しているのかもしれない。

最近では、準キャリアの2名が天下っている。

笠間伸一　**（滋賀県警本部長）**　➡たいよう共済取締役（'16年7月）

村下　治　**（中国管区警察学校長）**➡競馬保安協会関西本部長（'17年7月）

とはいえ、これは最初の天下りに関してのことで、それ以降になると、パチンコやパチスロ関連の団体、企業に歴代キャリアが天下っている。主なところを挙げておこう。

中田好昭　**（関東管区警察局長）**＝弁護士➡日本電動式遊技機工業協同組合特別顧問

片山晴雄　**（四国管区警察局長）**＝住友信託銀行➡全日本遊技事業協同組合連合会専務理事

小堀　豊　**（九州管区警察局長）**＝帝都高速度交通営団監事など➡日本ゲームカード特別顧問、プリペイドシステム協会理事長

知念良博（東北管区警察局長）＝西日本旅客鉄道特別顧問➡ダイコク電機監査役
芦刈勝治（警察大学校長）＝新日本製鐵顧問➡日本パチスロ特許会長

警察キャリアはほかの警察官と比べれば、はるかに昇進が早く、給与も高く、住環境などにも恵まれているが、その優遇度合いは一律ではない。前述したように同期15〜20人のうち、警察庁長官、警視総監へと上り詰めるのは二人。しかも、この二人はそこに至るまでの過程でも別格扱いされているという。キャリア形成に詳しい前出の警察幹部はこんな解説をした。

「在外の大使館に出向するのであれば、一等国。それから、昔であれば、平穏な小規模県警の本部長から大規模県警の警務部長、本部長を務めるというのが最終階段を上る者の王道だった。いまもそれが王道であることに変わりないが、ただし、内閣人事局ができ、政治の介入度合いが高まって以降、次第に変わりつつある。

一方、脇道にそれた者は、内閣官房を含めて出向となって戻ってこない。ただし、官房長官秘書官や総理大臣秘書官はむしろ出世コースにある」

おおまかなキャリア・パスとそれに付随した特権などは、以上のようなものである。

さて、それがいま現在にも当てはまるのか。最新の２０１７年のキャリア名簿をもとに確認してみた。

まず入庁7年目すなわち29歳前後でほぼ全員が警視となり、幹部入りしている。そこで、7年目を起点に数年間隔で見ていった。なお、名簿は2017年7月時点のものをベースに、主要な人事はそれ以降のものも反映してある。

●2010年入庁（29歳前後）

朝野郁美　奈良県警捜査二課長――小規模県警
石川雅人　警察庁暴力団対策課付
石黒由里子　和歌山県警捜査二課長――小規模県警
井上克彦　警察庁国際捜査管理官付
岡田佑馬　警察庁総務課付
河田康尚　茨城県警捜査二課長――中規模県警
佐藤　陽　沖縄県警外事課長――中規模県警
佐藤拓磨　警察庁給与厚生課付
定標広樹　熊本県警捜査二課長――大規模県警
須永敦雄　静岡県警捜査二課長――大規模県警
高橋宏太　外務省国際安全・治安対策協力室
田中奈緒美　警察庁生活安全企画課付

西川雄太　警察庁暴力団対策課付
山田　樹　警察庁保安課付
吉野利宏　内閣官房副長官補付
利穂佑起　警察庁情報技術犯罪対策課付

多くが、県警の課長などに出ていることがわかる。とともに、それが全員というわけではなく、内閣などへの出向者も増えていることが見て取れる。

●2004年入庁（35歳前後）

石川光泰　国交省安全政策課課長補佐
内海裕子　警察庁総務課課長補佐
馬田佳幸　警視庁外事第三課長　――大規模県警
神原悠介　警察庁総務課課長補佐
斎藤智子　警察庁刑事企画課課長補佐
坂本俊介　警察庁生活安全企画課課長補佐
関　直樹　警察庁生活安全企画課課長補佐
髙島明紀　ミャンマー大使館　――在外

竹田　令　　国家安全保障局

竹本佳史　　内閣人事局

田中豊弥　　内閣総務官室総理官邸事務所

松島隆仁　　財務省主計局課長補佐

山田雅人　　警察庁人事課課長補佐

若林裕吾　　警視庁サイバー犯罪対策課長――大規模県警

課長補佐が主だが、なかには警視正になり、警視庁外事三課長、サイバー犯罪対策課長になる者や一等書記官として大使館勤務に出る者も出てきている。

●2000年入庁（39歳前後）

飯崎　準　　内閣情報調査室

伊藤温秀　　警察庁外事課外事情報研究官

岩田康弘　　イタリア大使館――在外

金柿正志　　警察庁少年課理事官

小林雅彦　　国連代表部――在外

増田美希子　カナダ大使館――在外

佐藤昭一　警察庁運転免許課理事官――中規模県警
重久真毅　沖縄県警警備部長――中規模県警
髙井良浩　警察庁組織犯罪対策企画課企画官
髙岩直樹　香川県警警務部長――小規模県警
棚瀬　誠　ICPO――在外
野田哲之　香港総領事館――在外
前田勇太　マレーシア大使館――在外
松下和彦　警視庁組織犯罪対策第四課長――大規模県警
森国浩輔　警察庁捜査二課理事官
安田貴司　インドネシア大使館――在外

警視正のまま小規模、中規模県警の部長になる者が出始めているのが見て取れる。

●1994年入庁（45歳前後）
阿部文彦　内閣サイバーセキュリティセンター
石川泰三　警視庁第一方面本部長――大規模県警
宇田川佳宏　内閣官房拉致問題対策本部事務局長代理

江口有隣　警察庁総務課広報室長
大窪雅彦　警察庁組織犯罪対策企画課犯罪組織情報官
大濱健志　警察庁生活安全企画課犯罪抑止対策室長
岡　素彦　警察庁警備企画課危機管理室長
小笠原和美　北海道警函館方面本部長――大規模県警
日下真一　内閣官房副長官補付
熊坂　隆　経済産業省北海道経済産業局総務企画部長
佐藤隆司　大阪府警警備部長――大規模県警
親家和仁　内閣官房参事官・内閣情報調査室国内部門
重永達矢　内閣官房参事官・内閣情報調査室国際部門
杉本伸正　警察庁総務課警察行政運営企画室長
鈴木達也　内閣官房副長官補付参事官
鈴木敏夫　福岡県警暴力団対策部長――大規模県警
聖成竜太　内閣官房参事官・国家安全保障局
堀内　尚　警視庁オリンピック・パラリンピック競技大会総合対策本部副本部長――大規模県警
山口寛峰　千葉県警警務部長――大規模県警

若田　英　防衛省電波部長

●1991年入庁（48歳前後）

猪原誠司　福井県警本部長――小規模県警
岸田憲夫　警察庁長官官房参事官
倉木豊史　警察大学校組織犯罪対策教養部長兼刑事教養部長兼財務捜査研修センター所長
郷治知道　警察庁運転免許課長
小西康弘　警察庁少年課長
小柳誠二　高知県警本部長――小規模県警
小山　巖　警察庁国際課長
迫田裕治　警察庁公安課長
白井利明　富山県警本部長――小規模県警
鈴木基之　徳島県警本部長――小規模県警
住友一仁　青森県警本部長――小規模県警
太刀川浩一　警察庁交通規制課長
津田隆好　警察庁生活経済対策管理官
根本純史　愛知県警警務部長――大規模県警

檜垣重臣　**国家公安委員会会務官**
宮沢忠孝　**和歌山県警本部長**　——**小規模県警**
森元良幸　**警察庁警備課長**

45歳前後で警視長になって、大規模府県警の警務部長に就く者が出始め、47～48歳の頃には小規模県警の本部長や警察庁の課長となっている。

●1989年入庁（50歳前後）

池田克史　**警視庁総務部長**　——**大規模県警**
今井勝典　**東京都オリンピック・パラリンピック準備局理事**
上野正史　**高知県警本部長**　——**小規模県警**
大塚　尚　**中小企業基盤整備機構業務統括役**
奥野省吾　**大阪府警警務部長**　——**大規模県警**
河野　真　**鹿児島県警本部長**　——**小規模県警**
楠　芳伸　**内閣官房長官秘書官**
國枝治男　**長崎県警本部長**　——**中規模県警**
近藤知尚　**山梨県警本部長**　——**小規模県警**

坂口拓也　警察庁給与厚生課長
杉本　孝　自動車安全運転センター業務部長
田中俊恵　警察庁会計課長
堀　誠司　内閣府参事官
向山喜浩　警察庁情報通信企画課長
村木一郎　警察庁刑事企画課犯罪情報分析官
山岸一生　関東管区警察局広域調整部長
山本和毅　群馬県警本部長――中規模県警

警視監に昇進し、指定職ポストの本部長になる者が出てきている。

●1986年入庁（53歳前後）

石田勝彦　警視庁総務部長――大規模県警
大石吉彦　総理大臣秘書官
大澤裕之　警察庁長官官房サイバーセキュリティ・情報化審議官
加藤晃久　警察庁長官官房審議官
釜野郁夫　警察庁交通企画課高度道路交通政策総合研究官

桑原振一郎　内閣官房内閣審議官兼内閣サイバーセキュリティセンター副センター長
白川靖浩　警察庁外事情報部長
筋　伊知朗　静岡県警本部長——大規模県警
露木康浩　警察庁組織犯罪対策部長
徳永　崇　内閣官房内閣審議官
富田邦敬　内閣官房内閣審議官兼内閣情報調査室カウンターインテリジェンス・センター副センター長
内藤浩文　長野県警本部長——中規模県警
中村　格　警察庁長官官房総括審議官
花岡和道　警察大学校教務部長兼警備教養部長
福本茂伸　内閣官房内閣審議官
藤村博之　大阪府警副本部長——大規模県警
古谷洋一　警視庁警務部長——大規模県警
山岸直人　新潟県警本部長——大規模県警
吉岡健一郎　警察庁長官官房付
世取山　茂　茨城県警本部長——中規模県警
和田昭夫　北海道警本部長——大規模県警

このクラスになると、たいていは大規模県警の本部長やそれに相応する警視庁の部長などを経験し、キャリアを重ねている。

●1984年入庁（55歳前後）

相浦勇二　九州管区警察局長
伊藤　智　関東管区警察学校長
大橋　亘　首都高速道路株式会社監査役
笠原俊彦　内閣官房内閣衛星情報センター次長
河合　潔　警察大学校警察政策研究センター所長
西郷正実　岡山県警本部長――大規模県警
島根　悟　警視庁副総監――大規模県警
田代裕昭　自動車安全運転センター理事
得津八郎　東北管区警察局長
鳥居　宏　警察庁警備課警備実施総合研究官
永井達也　千葉県警本部長――大規模県警
名和振平　広島県警本部長――大規模県警

橋本　晃　警察庁長官官房総務課警察制度総合研究官
樋口晴彦　警察大学校警察政策研究センター教授
廣田耕一　警察大学校特別捜査幹部研修所長
堀金雅男　四国管区警察局長
村田　隆　大阪府警本部長

●1983年入庁（56歳前後）

入谷　誠　関東管区警察局長
太田　誠　警察大学校長
齊藤良雄　中国管区警察局長
杉山芳朗　自動車安全運転センター理事
砂川俊哉　中部管区警察局長
平井興宣　内閣事務官
藤山雄治　皇宮警察本部長
桝田好一　警察庁交通局長
松本光弘　警察庁官房長
森田幸典　近畿管区警察局長

―――大規模県警

山下史雄　警察庁生活安全局長
横内　泉　鉄道建設・運輸施設整備支援機構監事
吉田尚正　警視総監

この2年くらいの間でほぼ全員が管区警察局長や警察庁の局長、それに相当する重要なポストを務めている。

●1982年入庁（57歳前後）

荻野　徹　原子力規制庁次長
瀧澤裕昭　内閣事務官
坪田眞明　宮内庁管理部長
三浦正充　警察庁次長
森　雅仁　警察庁国際課国際総合研究官

●1981年入庁（58歳前後）

粟野友介　警察大学校取調べ技術総合研究・研修センター所長
石川正一郎　内閣官房拉致問題対策本部事務局長

沖田芳樹　前警視総監
栗生俊一　警察庁長官
高綱直良　元警視総監

●1980年入庁（59歳前後）

北村　滋　内閣情報官
坂口正芳　前警察庁長官
高橋清孝　元警視総監

この段階になると、最終的に選ばれて、警察庁の官房長、次長、長官と最重要職に就く者と、内閣などに出向し重職を得る者だけが在職していることになる。気になるのは、内閣情報官の位置づけである。初代の内閣情報官が杉田和博氏であり、同氏は内閣危機管理監を経て官房副長官に就任し、現在は内閣人事局長も兼務している。そうした事例を踏まえ、かつ政治的な要因も考慮すると、情報官から官房副長官というルートもないとは言えないからだ。ちなみに、警察最高幹部たちのキャリア・パスは以下の通りだ。

●坂口正芳　1957年生まれ　東大法学部卒

1980年　警察庁入庁
1984年　愛媛県警公安課長——小規模県警
1987年　広島県警西条署長——大規模県警
1991年　警察庁交通指導課理事官
1999年　警視庁第一方面本部長——大規模県警
2001年　秋田県警本部長——小規模県警
2003年　大阪府警刑事部長——大規模県警
2004年　警察庁組織犯罪対策部企画分析課長
2006年　警察庁会計課長
2008年　警視庁交通部長——大規模県警
2009年　警視庁警務部長、警察庁総括審議官——大規模県警
2011年　大阪府警本部長——大規模県警
2013年　警察庁官房長
2015年　警察庁次長
2016年　警察庁長官

●栗生俊一　1958年生まれ　東大法学部卒

1981年　警察庁入庁

1984年　青森県警警備第一課長　——小規模県警

1990年　神奈川県警捜査二課長　——大規模県警

1992年　インド大使館一等書記官　——在外

1995年　警察庁暴力団対策二課理事官

2001年　警察庁国際捜査二課長

2004年　警視庁組織犯罪対策部長　——大規模県警

2005年　徳島県警本部長　——小規模県警

2007年　警察庁刑事企画課長、総理大臣秘書官

2008年　警察庁組織犯罪対策部企画分析課長

2009年　警察庁審議官

2012年　警察庁組織犯罪対策部長

2013年　警察庁総括審議官

2014年　警察庁刑事局長

2015年　警察庁官房長

2016年　警察庁次長

2018年　警察庁長官

●三浦正充　１９５９年生まれ　東大法学部卒

１９８２年　警察庁入庁
１９８７年　京都府警捜査二課長　――大規模県警
１９９３年　ドイツ大使館一等書記官　――在外
１９９６年　警察庁暴力団対策第二課理事官
１９９９年　警察庁長官官房人事課企画官
２００３年　警察庁暴力団対策第二課長
２００４年　沖縄県警本部長　――中規模県警
２００７年　警視庁組織犯罪対策部長　――大規模県警
２００９年　警察庁人事課長
２０１２年　警視庁警務部長　――大規模県警
２０１３年　警察庁首席監察官
２０１４年　大阪府警本部長　――大規模県警
２０１５年　警察庁刑事局長
２０１６年　警察庁官房長
２０１８年　警察庁次長

●吉田尚正　1960年生まれ　東大法学部卒

1983年　警察庁入庁
1989年　北海道警捜査二課長　——大規模県警
1995年　アメリカ大使館一等書記官　——在外
1998年　警察庁長官官房総務課理事官
2000年　警視庁公安部公安総務課長　——大規模県警
2002年　警察庁組織犯罪対策部暴力団対策課長
2006年　宮崎県警本部長　——小規模県警
2007年　警察庁警備課長
2009年　総理大臣秘書官
2010年　警察庁警備企画課長
2011年　警視庁刑事部長　——大規模県警
2014年　警察庁首席監察官
2015年　福岡県警本部長　——大規模県警
2016年　警察庁刑事局長
2017年　警視総監

●北村　滋　1956年生まれ　東大法学部卒

1980年　警察庁入庁
1983年　フランス国立行政学院留学　——在外
1985年　埼玉県警捜査二課長　——大規模県警
1989年　警視庁本富士警察署長　——大規模県警
1990年　山梨県警警務部長　——小規模県警
1995年　警察庁外事情報部外事課理事官
2000年　警察庁交通規制課長
2002年　徳島県警本部長　——小規模県警
2004年　警察庁警備課長
2006年　総理大臣秘書官
2007年　警察庁刑事企画課長
2009年　兵庫県警本部長　——大規模県警
2010年　警察庁外事情報部長
2011年　警察庁長官官房総括審議官、内閣情報官

《歴代警察庁長官、警視総監の略歴》

現在の警察体制になって以降に入庁し、警察庁長官、警視総監となったキャリアたちがどの都道府県警本部長などを務め、退職後どこに天下ったかは、以下の通り。空欄の場合は該当情報なし。

◆歴代警察庁長官

（本部長経験道府県警ほか）（退職後）

金澤昭雄（'54年入庁）本富士署長、高知県警本部長→自動車安全運転センター理事長ほか
鈴木良一（'56年入庁）大阪府警本部長→警察共済組合理事長
城内康光（'58年入庁）群馬県警本部長→ギリシャ大使
國松孝次（'61年入庁）本富士署長、大分県、兵庫県警本部長→スイス大使
関口祐弘（'63年入庁）山梨県警本部長→警察共済組合理事長
田中節夫（'66年入庁）宮城県警本部長→日本自動車連盟会長
佐藤英彦（'68年入庁）埼玉県、大阪府警本部長→警察共済組合理事長

漆間　巖　（'69年入庁）奈良県、愛知県、大阪府警本部長　　→内閣官房副長官ほか
吉村博人　（'71年入庁）鹿児島県警本部長　　→警察共済組合理事長
安藤隆春　（'72年入庁）群馬県警本部長　　→三井住友海上火災保険顧問
片桐　裕　（'75年入庁）沖縄県、京都府警本部長　　→公共政策調査会理事長
米田　壯　（'76年入庁）目黒署長、和歌山県、京都府警本部長　　→日本取引所グループ取締役ほか
金髙雅仁　（'78年入庁）富山県警本部長　　→警察共済組合理事長
坂口正芳　（'80年入庁）大阪府警本部長

◆歴代警視総監

鎌倉　節　（'54年入庁）富山県警本部長　　→宮内庁長官ほか
大堀太千男　（'55年入庁）神奈川県警本部長　　→交通事故総合分析センター理事長
仁平圀雄　（'57年入庁）　　→日本自動車連盟会長
安藤忠夫　（'59年入庁）上野署長、千葉県警本部長　　→内閣危機管理監
吉野　準　（'60年入庁）香川県警本部長　　→日本道路交通情報センター理事長
井上幸彦　（'62年入庁）千葉県警本部長　　→日本盲導犬協会理事長

前田健治（'65年入庁）青森県警本部長→自動車安全運転センター理事長
野田　健（'67年入庁）滋賀県警本部長→内閣危機管理監ほか
石川重明（'68年入庁）茨城県、神奈川県警本部長→日本道路交通情報センター理事長
奥村萬壽雄（'71年入庁）徳島県、大阪府警本部長→全日本交通安全協会理事長
伊藤哲朗（'72年入庁）石川県、千葉県警本部長→内閣危機管理監ほか
矢代隆義（'73年入庁）山口県、埼玉県警本部長→日本道路交通情報センター理事長
米村敏朗（'74年入庁）神田署長、秋田県、大阪府警本部長
→内閣危機管理監ほか
池田克彦（'76年入庁）岩手県、埼玉県警本部長→原子力規制庁長官
樋口建史（'78年入庁）和歌山県、北海道警本部長→ミャンマー大使
西村泰彦（'79年入庁）上野署長、沖縄県警本部長→内閣危機管理監、宮内庁次長
高綱直良（'81年入庁）和歌山県警本部長→富士通
高橋清孝（'80年入庁）沖縄県、北海道警本部長→内閣危機管理監
沖田芳樹（'81年入庁）香川県、愛知県警本部長
吉田尚正（'83年入庁）宮崎県、福岡県警本部長

第二章

人事をめぐる暗闘

警察庁長官レースの裏側

〝出世の階段〟が狭く険しいからだろうか、警察キャリアたちは欲望と野望をむき出しに、人事をめぐって暗闘を繰り広げている。

捜査への不当な介入、刑事や公安政策の捻じ曲げ、怪文書による情報工作、捜査網・捜査情報の恣意的利用、破壊工作による栄転の阻止……。

その最たるもののひとつが、これから記す一件だ。中枢キャリアによる捜査介入事案である。警察庁の中村格《いたる》総括審議官のことだ。

事件は、2015年4月に発生した。フリージャーナリストの伊藤詩織さんが、日本に帰国していたTBSのワシントン支局長に薬物を飲まされたうえ、レイプされたというものである。被害を受けた伊藤さんは、現場となったホテルを管轄する警視庁高輪署に相談。高輪署は捜査を開始し、伊藤さんの証言を裏付ける証拠を押さえたのち、事件にかかわる別の証拠の隠滅や逃亡の可能性もあるとして、準強姦の容疑で支局長の逮捕状を取った。そして、支局長の再度の帰国を待って逮捕する決定を下し、帰国当日には成田空港に複数の捜査員を派遣していた。同年6月のことだ。

ところが、逮捕状執行直前、警視庁上層部からその取り止め命令が下った。支局長は逮捕を免れ、任意捜査によって身柄拘束されぬまま書類送検され、警察の捜査は幕が下ろされてしまったのである。

翌年7月には、東京地検も嫌疑不十分として不起訴。支局長の事件はマスコミに公表されることなく、ひっそりと闇に葬られてしまった。

これに疑義を抱いた伊藤さんが2017年5月、事件の中身と捜査の過程を週刊新潮に告発。続いて同月末には実名の一部を明かして記者会見を開き、検察審査会に不服申立をした。が、こちらも不起訴相当と議決。納得のいかない伊藤さんは、同年9月、民事訴訟を提起するとともに、翌10月には、フルネームを明かして手記を発表した。

かくして、一度、闇に葬られた事件にスポットが当てられたのだが、とりわけ、支局長の〝人脈〟は関心を呼んだ。

安倍晋三首相と昵懇《じっこん》であったばかりか、麻生太郎副総理や菅義偉官房長官、さらには警察キャリアにして内閣情報調査室の室長を務める北村滋内閣情報官らとの親交があったのだ。言うなれば、安倍政権中枢とつながりが深い人物だったわけである。

他方、逮捕取り止めを命じたのは、その当時、警視庁刑事部長だった中村氏であった。菅官房長官の秘書官を長く務め、信望が厚く、警察に戻って以降もその関係は続いていた。そうした人物が、一警察署の事件に介入したことが明らかになるに及んで、政権におもねって、不当に捜査に介入したのではないかと、物議をかもしたのである。

政権中枢に連なる人物が捜査対象者であったことから、不当に捜査に介入してひそかに書類送検することで政権に傷がつく事態を避けたのではないか――。あるいは、政権幹部に懇請され、穏便処理へと動いたのではないか――というわけである。

しかし、中村氏は「ありえない」と言い、「事件が最後にどう評価を受けているかを見てもらえれば」と突っぱねた。

なるほど、東京地検の決定は不起訴であった。だが、準強姦罪で刑事告訴された容疑者の多くは逮捕されているのが実際だ。最近でも準強姦罪で逮捕され、その後、不起訴になった医師もいる。そうした実状を考慮すると、やはり特別扱いというほかない。

もうひとつの「TBS幹部の不祥事」

実はこのほかにも、おかしな捜査介入があった。

2017年6月のことだ。

「また待ったがかかったよ。まいったな。おかしいよな」

警視庁のさる幹部が漏らした。当然、逮捕すべき事件で、再び上層部から横やりが入って任意捜査に切り替えられてしまったのだという。

当時、警視庁久松署は組織犯罪対策部と連携し、支局長とは別のTBS幹部の薬物事件の捜査にあたっていた。事件が発生したのは、同年4月。都内のホテルで催淫効果があるとされる違法薬物を用いて性行為を行った際、それが相手の女性の顔にかかり、皮膚がただれるなどの怪我を負わせてしまったのだという。

女性はその後、被害届を提出。久松署は受理し、捜査を開始したが、それが折しも支局長事件の騒動の最中のことだった。

加害者とされたのは、ＴＢＳが制作した映画やアニメなどのコンテンツ情報を海外に向けて発信するメディアビジネス局の部長だった。

「ＴＢＳといえば、騒動の渦中の会社ですから、びっくりしましたし、呆れました」

とは、捜査関係者の弁だが、逆にこれが発奮材料となったという。

「ＴＢＳや警察に関心が高まっている折ですし、傷害だけでなく、違法薬物も絡んだ重い事案ですから、捜査陣もやる気満々で事件に臨んだのです」

この捜査関係者は、さらにこう付け加えた。

「使用されたのは、催淫効果があるとされるラッシュという薬物。亜硝酸エステルを主成分としたもので、蒸気を鼻から吸引すると、酩酊感覚が生じるとされます。セックスドラッグの一種ですが、２００６年には違法薬物に指定されており、所持していれば、３年以下の懲役もしくは３００万円以下の罰金、営利目的の場合は5年以下の懲役もしくは５００万円以下の罰金との罰則が規定されています。また、輸入についてはさらに厳しく、10年以下の懲役もしくは3000万円以下の罰金です。そんなものを軽々しく使うとは……」

このラッシュをめぐっては、2016年1月、NHKの夕方のニュース番組である『ニュース　シブ5時』のリポーターを務めていたアナウンサーが自宅で瓶2本分を所持していたとして逮捕されたのをはじめ、公務員、自衛官らいわゆる〝お堅い職業〟に就く面々が芋づる式に摘発された。

捜査陣はこの事件のことも念頭にあったため、さらに士気が上がったというのだ。現場の雰囲気をこんなふうに形容して見せた。

「NHKの件がありましたから、よし逮捕だ、大きな事件になるぞと」

それだけに、捜査の最新情報が漏れぬよう情報管理を徹底した。それまでの動きはすでに警視庁担当のテレビ、新聞の担当記者に（もちろん当のTBSの記者にも）断片的ながら漏れ伝わり、各社が裏取りに走っていたからだ。

実際、この当時、TBS関係者はこんなことを明かしていた。

「警視庁担当の記者が、うちの社員について捜査一課が女性絡みで動いているとの情報をつかんだようですが、詳細は把握しておらず、社にもそれ以上の報告はされていません。ただ、他社も動いているようで、気になってます」

この間、捜査班は極秘捜査を続けた。目立たぬよう少数の捜査員で部長の自宅のほか勤務先のTBS本社にまで捜索をかけた。そして、見込んだ通りの成果を上げた。

捜査関係者が語る。

「自宅の室内からはさまざまな性具が多数、見つかり、また勤務先からは、ラッシュの瓶が数本見つかって押収されたのです。容疑が固まりました。傷害と医薬品医療機器法違反の容疑で逮捕状を請求したのです」

ところが、この直後、警視庁上層部から待ったがかかった。そして、これまた、逮捕しない方向へと転じてしまったというのである。

前出の警視庁幹部が舞台裏を明かす。

「支局長の件があだになり、逆方向に作用した。ＴＢＳ幹部を対象に、女性絡みの事件で逮捕に踏み切れば、整合性の問題が出てくる。どうして支局長の時は逮捕しなかったのか――という批判が出かねない。それを避けるための方針転換だ。

逮捕状請求取り止めの指示は警視庁組織犯罪対策部長からのものだったが、そもそもは警察庁の組織犯罪対策部長からの指示であったと聞いている。すなわち、中村さんのことだ」

なるほど、中村氏はこの時期、警察庁刑事局組織犯罪対策部長の任にあった。立場上、警視庁の組織犯罪対策部に指示を出しても不思議ではない。また、その後、東京地検（区検）が略式起訴し、罰金刑で幕を下ろしていることから妥当な捜査だと言うことも可能だろう。

だが、それにしても、これほどの事件でなぜ逮捕しないのか。

ＮＨＫ会長をめぐる情報戦

中村氏について言えば、官邸のために捜査権を濫用《らんよう》したと見られる行為も確認されている。時間はさかのぼるが、ＮＨＫの次期会長人事が取りざたされていたさなかの２０１６年10月のことだ。警視庁捜査二課の捜査員がＮＨＫについて、とりわけ籾井勝人会長の情報をしきりと求め、情報誌やマスコミ関係者の間を奔走していたのである。

ＮＨＫの社屋建て替え工事をめぐっての事件捜査なのか、と当初は考えてみた。ＮＨＫは同年8月に、２０２０年の東京五輪後現在の所在地に新たに3棟を着工し、２０３６年に完成を予定する計画を発表。放送設備費を除く建設費として１７００億円を計上していたからだ。

だが、すでに計画が決まり、公表もされた段階でマスコミ等から情報収集をするのは不自然極まりない。ゼネコンなど建設工事の内容に詳しい関係業者から極秘にというのであれば、話は違うのだが……。

捜査員に意図を尋ねてみると、政権を視野に入れての事件捜査だという。警視庁が政権を相手に？　耳を疑ったので、そのまま聞き返した。

すると、こんな答えが返ってきたのである。

「ＮＨＫ、とりわけ籾井に関する情報、菅官房長官との関係などを集めるようにと、偉い筋からの特命ですから、本気でやると思いますよ。警察庁の旗振りですから」

同じ警察とはいえ、警視庁と警察庁はあくまでも別組織だ。しかも、警察庁は行政組織で、基本的に現場捜査はしない。聞けば聞くほどおかしな話である。

いったい、誰がそんな筋の通らない妙な指示を出したのだろうか。それを質したところ、中村氏の名前が出てきたのだった。

「（警視庁で）刑事部長をやっていたほどの人ですからね。これはやりますよ」

これまた腑に落ちない。

いくら刑事部長だったとはいえ、その任を離れた者が捜査二課に指示が出せるものなのか。また、暴力団や銃器、薬物などの捜査にかかわる組織犯罪対策部が、なぜ公共放送のＮＨＫに関心を抱くのか。

そうしたことを重ねて尋ねたが、納得のいく回答はなかった。不思議に思っていたところ、官邸筋からこんな話が聞こえてきた。

「菅のお庭番が籾井の情報を集めている。官邸は、どうやら（籾井を）見切ったらしい。（会長の）首を挿《す》げ替える材料を探しているようだ」

〝お庭番〟とは、官房長官秘書官を務め、信頼の厚かった中村氏のことだ。これを聞いて、やっぱりそうか、と思った。でなければ、説明のつかない動きだったからだ。

ちなみに、二課の捜査員が求めたのは、以下のような資料だった。

①ＮＨＫのハイヤー使用で問題となった籾井会長のゴルフの相手とその目的

②総務相経験者である菅官房長官のＮＨＫへの影響力、籾井会長との関係

③（新社屋建設工事を）大成建設が受注する可能性

④菅官房長官の三男が大成建設に就職していることの評判

これらは捜査資料と言うよりも、菅氏のリスクコントロールのための参考資料と言うべきだろう。

それにしても、中村氏の狙いは何であったのか。

「もちろん警察庁長官の椅子だ」

警察幹部らは口を揃える。

「内閣人事局ができて以降、てっぺんを目指す者はみんななびくようになった。政権におもねって媚びを売るわけだ」

なぜなのか——。

冒頭で記したように、キャリア制度は本来、政治の人事介入を排すべく誕生したものである。そのため、役人の人事は各省庁の自律性に委ねられてきた長い歴史がある。

近年で言えば、官房長官、副長官らによる「人事検討会議」にかけられる対象者は事務次官や局長級といった一握りの最高幹部にすぎず、またそもそもの人事案を作成するのは各省

庁それぞれであった。

ところが、省庁の利益ばかりを優先するような行政やムダ遣い、不祥事が目立つようになったため、政治主導に転換しようという動きが生じ、２０１４年５月、内閣人事局が設置された。以来、幹部人事は審議官や部長級までも含め、対象者を約６００名にまで広げ、政治判断で決定されることになった。各省庁の大臣らによる役人の人事評価をもとに官房長官が幹部候補者名簿を作成したのち、首相や官房長官が主導する「任免協議」を経る仕組みへと変わったのである。

ただし、警察庁、検察庁、人事院、会計検査院は自律性を保たせるためこの対象から除外されている。が、それでも幹部人事には従来と同じく閣議了解が必要であり、政治の介入の余地がある。それに加え、内閣人事局ができて以降、役人社会全般の雰囲気が変わったことが、これらの官庁にも影響を及ぼしたというのだ。

警察幹部らの発言は、こうしたことを踏まえてのものであった。そして、そのなかのひとりは、自戒を含め、さらに突っ込んだコメントをした。

「原則からすれば、いままでどおりでいいはずなのに、ほかの官庁の友人や知人の人事を見たり、内閣官房に出向したりすると、どうしても影響を受けてしまう。役人にとって人事が命というのは本音なのだろうが、本道とは違う。あくまでも国民であり、その総意としての国にと考えるべきなんだが、残念ながら、現実はそうなっていない」

「政権のご機嫌を損ねるな」

この幹部が指摘したように、現実は内閣、政権の意向をおもんぱかるキャリアがあとを絶たないようだ。

「こんなことでは警察という組織が立ち行かない。政治に配慮するあまり、犯罪予防という本来業務が滞ってしまっている」

さる大物キャリアが告発の声を上げたのは２０１６年2月のことである。いったい、何が起こっているのかと事情を問うと、このキャリアはこう語ったのである。

――事の発端は、同月4日に開かれた国家公安委員会後の昼食会の席でのある雑談でした。発言したのは、委員を務めている経済学者の女性。アベノミクスの看板政策のひとつとして導入されたばかりのマイナス金利に関連して、

「こうした状況になると利殖名目の詐欺などが起こりかねないのではないでしょうか」

と指摘し、

「いまでさえ振り込め詐欺のような金融犯罪が多発し、多くの国民被害が出ている以上、こういった観点からの警戒も必要では」

と付け加えました。

これを聞いた金髙雅仁長官は、なるほどとうなずき、同席していた種谷良二生活安全局長に全国の都道府県警察に犯罪予防の告知と同時にマスコミへの広報もするよう早速、指示を出しました。この手の詐欺事案を統括するのは生活安全局だからです。

指示を受けた種谷局長は、すぐに動きました。

ところが、この過程で関係した広報室からこんな注文が入ったのです。

「こういった事案は、まず官房長の承認を取ってください。それがルールになっています」

ルール？　いつからそんなルールができたのか。

広報室に止められた形の生活安全局は戸惑いながら、官房長の栗生俊一氏に承認を求めました。しかし、なかなか応じない。最後に言ったのが、

「長官が了解しているというなら、しょうがないが、なんで先に持ってこない」

という一言。

だが、同席していた栗生官房長はことの経緯を聞いていたはずで、おかしな話だ、と生活安全局の担当者は首をひねったといいます。

しかし、話はこれで終わりではありませんでした。この直後、栗生官房長は坂口正芳次長のもとに駆け込み、広報は止めるよう要請。最終的には、マイナス金利に絡んで犯罪が発生しかねないという発表をすると、アベノミクスのイメージを棄損するかもしれないという理

由から、広報中止となったのです。

「あまり評判のよくないマイナス金利に、これ以上の批判材料を提供するようなことは到底できないということなんでしょう」

大物キャリアは、そう解説した。

なるほど、マイナス金利政策には批判が少なくなかった。企業や国民生活への悪影響を指摘する声が当時、上がっていた。

坂口次長自身が生活安全局に出向いて、広報を中止するよう命じたのだという。長官の指示があっさりと覆されてしまった生活安全局は、唖然、茫然、次いで、疑問と困惑が生じた。というのも、この撤回がはたして長官了解事項であるか否か、はなはだ疑わしかったからだ。もし長官の判断であれば、次長ではなく、自らが出向いてきているはずである。しかし、直接、長官に確認するわけにもいかない。告げ口のようなことになりかねない。

そして、最後には憤りに達した。そもそも、こうした犯罪予防の広報を反故《ほご》にする正当な理由が見つからないからだ。いったい、官房長、次長は何を考えているのか——というわけである。

「我々警察は犯罪と闘い、国民の生活を守るのが使命だ。その警察が犯罪よりも政治に配慮し、そちらを優先するとは……。しかも、こんなふうに指揮命令系統が乱されたら、もう組織はおしまいだ」

と前出のキャリアは言うのだった。一方、こんな指摘もした。

「官房長は官邸の威を借りて警察を牛耳っており、〝闇長官〟と呼ばれている。妙な人事も行われており、警察庁は組織として揺れている。こんなことで犯罪ときちっと対峙できるのか、もっと言えば、政治案件が捜査できるのか、大いに疑問だ」

意外な警視総監人事

栗生氏は政権への〝配慮〟が功を奏したのか、長官の座を射止めたが、〝妙な人事〟についての証言は、ほかにもある。

「栗生氏の人事はよく評判になりました。新任の課長を数ヵ月で更迭したとか、収賄疑惑のあった警視庁幹部を擁護し、監察を抑えたとか……。しかし、何よりも問題なのは、警視総監人事を歪めた件でしょう」

警察庁の幹部のひとりが、そう打ち明けた。2016年9月の人事のことである。

「そもそも金髙長官は、栗生氏を警視総監、沖田氏は皇宮警察本部長にと考えていたのです。が、そうなると栗生氏は、長官への道が断たれてしまう。人事が内定する最終段階で、これをひっくり返して沖田氏を総監とし、栗生氏は8月に次長に収まり、警察庁に居残ることに成功したわけです」

確かに、これは想定外の人事であったようだ。警視庁幹部が語る。

「意外な人事……ですよ。沖田氏はＳＡＴ（特殊部隊）の名付け親などと持ち上げられていますが、脇が甘いと危ぶむ声も出ています。実は１９９２年、機動隊の警備の隙をつき、拳銃を持った男が自民党本部に侵入した事件がありましたが、事件直前まで機動隊の隊長だったのが沖田氏。警察白書に残るほどの不祥事でした。それに、山口県警の二課長時代には部下を銃撃で負傷させてもいます。事故が多いわけです。まさかうちに来るとは思ってませんでした。よそに行くと聞いてたんですがね」

この異例ともいえる人事の裏には警察中枢幹部の人事闘争があった、と前出の大物キャリアも言う。

「栗生氏は、警視総監に放出されかけたが、官邸を巻き込み、抗戦。翌春まで留任予定だった高橋清孝総監を退任させ、内閣危機管理監の席に処遇。沖田警備局長をその後任として送り込むことに成功した」

名物女性記者へのネガティブキャンペーン

警察キャリアが何人も在籍している内閣官房、とりわけトップが警察キャリアである内閣情報調査室（内調）でも異変が起こっている。

「首相の失態や不祥事をネガティブキャンペーンで覆い隠そうとするような情報操作や警察情報、捜査網の濫用——そういった本来の職務から逸脱したいかがわしい情報工作が頻発し、内閣官房はいまや政権の茶坊主化しています」

内調中堅幹部のひとりは、そう口火を切り、内情を暴露していった。

「前文部科学省次官の前川喜平氏への対応は象徴的でした」

と、まずは「加計学園問題」に言及した。前川氏の告発直後の、菅官房長官の記者会見での発言などを指してのことだ。

「菅氏は、前川氏が売春などの温床となっていると言われる東京・新宿の『出会い系バー』と呼ばれる飲食店に出入りしていたと批判し、この情報をつかんだ杉田和博官房副長官が昨秋、当人に厳重注意していた事実も明らかにしました。これは三流国のつたない情報工作に近い愚行です」

中堅幹部は、そう語った。

実際、一部の安倍支持層を除けば、菅氏の発言は前川氏の人格を貶《おとし》め、発言の信憑性を棄損するためのプライバシー情報漏洩であったとする見方が大勢を占めた。内閣官房が政権寄りの読売新聞にこの情報を提供したとの疑惑もあり、一連の情報工作はよこしまだとの厳しい批判を浴びた。

しかし、安倍首相は２０１７年8月の内閣改造を前に、菅氏、杉田氏を続投させる意向を早々に示した。

これに対し、中堅幹部は、

「スパイ工作まがいの情報収集をもとに危機管理を担う杉田氏は欠かせないと判断したんでしょう。実は、内閣官房の面々も同じようなことをやってます」

と、いまだ明らかにされていない呆れるような情報工作の事例に話を転じた。マスコミ監視についてのものだ。真っ先に挙げたのが、東京新聞の望月衣塑子記者に対する事例だった。

「望月女史の私生活を徹底的に調査し、交友関係なども洗ったうえ、特定の男性との面会時の写真まで入手しました。これは、ある幹部が率先して行ったことで、望月女史に対するネガティブキャンペーンの一環です。望月女史と関係のある東京新聞社内の人事ももちろん把握しています」

望月記者と言えば、「森友学園問題」で国有地払い下げについての近畿財務局と森友学園側の交渉が録音された音声データが報じられるや、その存在について菅官房長官に対し7回も質問を繰り返したことをはじめ、菅氏と熾烈な応酬を繰り返し、最近では立て続けに著書を刊行して政権批判を行っているが、まるで〝国家の敵〟扱いだ。

週刊誌記者の情報源を探れ

内調のターゲットとして次に挙げられたのが、政治関連のスクープ記事の多い週刊文春と週刊新潮だった。

「公安をはじめとした捜査員を投入し、それぞれの記事の担当記者はもちろん、情報源に至るまで徹底的に調査して利害関係や目的、意図までも探り出そうとしています。これには、記者の出自や経歴、家族構成のほか、生活ぶりや癖、信条、病歴といったセンシティブ情報まで含まれています。尾行や監視は当然のこと、場合によっては電話やメールのチェックも密かに行われます。そうして弱点を探し出すわけです」

中堅幹部はさらに続けた。

「〝敵失〟も見逃しません。新潮の『文春、中吊り広告盗み見』報道などは、恰好のケースでした。文春社内の誰がどんな目的で新潮側に漏らしたのか、報道後、それぞれの社内でどんな動きがあったのかなど両誌のバトルを綿密にトレースしていました」

そんななか、文藝春秋社中枢幹部の愛人、隠し子といった醜聞をつかんだほか、文春の編集長に不満を持つ記者の存在なども把握。また、別の週刊誌で同じ釜の飯を食った記者同士が、文春と新潮に分かれて移籍したのちも親交を続けていたことも、メール等の証拠とともにに押さえたのだという。

「前川氏のケースと同様、いざという時にネガティブキャンペーンに使おうというのでしょう」

と、中堅幹部は内情をさらした。

このあと言及したのは、なんと望月記者の情報収集を行った幹部に対する工作であった。

「この幹部に対して、別の幹部が警戒しており、24時間態勢に近い行動確認と証拠収集に動いたのです。結果、官邸に出入りする女性記者との密会現場を押さえたほか、交友関係や行きつけの飲食店を割り出したうえ、その支払いなども確認。金銭供与の事実まで把握したのです。幹部の元同僚で、役所を辞めてある会社の役員におさまった人物の背景調査や情報漏洩の有無といった調査も行われました」

その結果、さらにあることが明らかになったという。

ひとつは、女性記者とのトラブル。

「もっとも近しいと見られた女性記者とは肉体関係があり、実はその際に薬物が用いられていたとして、女性がのちに抗議。かなり関係がこじれ、最終的には女性側が上司にも相談。配置換えとなったのです」

もうひとつが、元同僚が役員を務める会社のトラブルだ。刑事事件になりかねない問題を抱えており、そのもみ消しをはかるため、中村格氏との接点を探りはじめたという。

「共謀罪ができたいま、さらに情報収集は容易になっており、ますますこうした傾向が強まるでしょう」

中堅幹部は言う。

「一度、この手の情報に接した者は、それが忘れられない。何と言っても、余人にはなかなか知ることができない秘匿情報に触れられるのですから」

「官房副長官の椅子」を目指して

とはいえ、こんなことが政権にとってメリットとなるのだろうか。

「なるはずがない」

とは、内閣官房の〝暗闘〟に通じている警察幹部の弁だ。

「しょせんは、ライバルを蹴落とそうとする役人の出世欲に利用されるだけだ」

出世の欲望――。営業成績や利益などが数字化される民間とは違い、成果の見えにくい役人の世界では、出世争いが熾烈で、足の引っ張り合いなどの事例には事欠かないが、それにしても、内閣官房に籍を置くエリートがこれほど熾烈な暗闘をしてまでなお望むものとはいったい何なのか。

「それは、官僚の頂点である官房副長官の座だ」

警察幹部は言う。

「内閣による官僚の任免に先立って各省庁の幹部人事の方向性を決める会議では、いまなお主要メンバーであり、また事務次官を集めて開く連絡会議の実質的な取りまとめ役でもある」

次官の上に立ってさまざまな調整を行っているその立場といい、権限といい、まさに官僚のトップと言えそうだが、力の源泉は何よりも官僚人事への圧倒的な影響力に求められるのだ、とこの幹部は強調した。

「人事を検討する会議のなかで政治家ではない唯一の官僚出身者であり、その知識と経験が物を言うからだ。官僚にしてみれば、この人事ひとつで地位、肩書が変わり、それとともに権限、報酬も違ってくる。つまり、官房副長官は官僚の生命線を握っていると言え、それゆえに最高権力者とされているんだ」

この絶大な権力を手にしようと、内閣官房の警察キャリアたちは暗闘を繰り広げていると言うのだった。

最近も、官房副長官の実力を垣間見せるような異例な人事があったという。2017年9月に、警察出身の塩川実喜夫氏がチュニジア大使に就任したのである。

「塩川氏の実績、経歴からすれば大使になるのは異例。総監や長官経験者というならまだしも、彼は内閣官房内閣衛星情報センターの次長で、所長でもない。とすると、局長級でもないわけで、そういった立ち位置からすると不自然な人事だ。官房副長官が押し切ったとしか考えられないね」

一方、別のキャリアは、

「あのくらいのことなら、朝飯前でしょうね」

と、官房副長官の力のほどをあっさりと認めたのだった。

怪文書騒動

官房副長官の座を狙っての争いは、内閣官房内に限ったことではない。むしろ現役の警察キャリアを敵視したケースが目立っている。

2017年春、こんな怪文書が出回った。「警察庁の政治屋・栗生俊一次長　政治への接近が目に余る」と題されたもので、以下のように続く。（　）は筆者による注記である。

《警察庁次長は、本来ならば警察庁長官へのウェイティング・ポスト。ところが、警察庁の「反栗生」の動きが止まらない。

栗生次長は、法制局出身（内閣法制局への出向が長かったことを意味していると見られる）、リベラルで政治音痴の米田（壯）元警察庁長官が汚れ役と永田町対策の廉で重用し、官房長まで引き上げた。その後は、5年に渡る霞ヶ関長期支配の脅威であった安藤（隆春）元警察庁長官の官房副長官就任阻止に手を貸した功で、杉田（和博）副長官の覚え殊の外目出度く、その引き立てで次長迄上り詰めた。

（中略）部下に対する上から目線は相変わらずで、「本当に栗生次長は長官になるのですか。」との警察界の常識を覆す驚天動地の問い合わせが引きも切らない。（中略）警察の最高責任者、警察庁長官には強い政治的中立性と厳しい規律が求められる。時の権勢を振るう政治家に右顧左眄し、何処やらの熟女との噂も絶えない政治屋・栗生次長にオリンピック・パラリンピック警備を担う警察庁長官が本当に務まるのか？》

警察庁長官の最有力候補であった栗生次長の政治への肩入れぶりを批判したものだ。

ここでいま一度、栗生氏の経歴をざっと振り返っておくと、徳島県警本部長、首相秘書官などを経て２０１４年１月に刑事局長、翌２０１５年１月に官房長と着実に昇進を重ねてきた。

だが、怪文書でも指摘されているが、官房長就任には反対の声があり、次長昇進も、先に記したように警視庁放出などの下馬評を覆してのものと言われ、その余波で皇宮警察人事や内閣官房人事までが影響を受けたとされている。

「特段の功績のない彼がなぜこれほど出世したのか」という疑問の声も繰り返しあがり、「首相秘書官の経験があるから」とか「官邸と近いから」などともささやかれてきた。総理大臣秘書官の今井尚哉氏や官僚のトップたる官房副長官を長く務めた警察庁出身の漆間巌氏、また現在、その任にある杉田氏らとの親交を指しているという。

そんななか飛び出したのが、この怪文書であった。

これについて、公安筋はこう明かした。

「文書の癖をはじめ、ありとあらゆる手がかりから調べたところ、ある警察キャリアによるものと特定された。ズバリ言ってしまえば、栗生氏が邪魔ということ。そうでなくとも政治人脈があり、影響力もあるとされる人物が警察トップにまで上り詰めたら、将来、官房副長官になりかねないからだ」

現在、官房副長官人事レースの筆頭は北村滋内閣情報官と言われている。安倍首相の懐刀として活躍し、共謀罪の成立に力を注いだ中心人物のひとりと目される。

経歴を見てみると、徳島県警本部長などを経て、２００６年に首相秘書官として第一次安倍政権を補佐。ここまでは、栗生氏とほぼ同じコースだ。

そして、２０１１年には警察庁長官官房総括審議官を務め、同年12月に内調のトップ、内閣情報官に就任している。

だが、内閣情報官は局長級で、入庁年次で言うと、一期上の北村氏が後輩の栗生氏に先を越された形だ。その栗生氏が長官になったらさらに差がついてしまうというのが、この怪文書が出た時期の状況であった。

「北村氏を推す側、あるいは野心満々の栗生氏を嫌う側かもしれませんが、そういった面々からのネガティブキャンペーン、情報工作だ。その証拠に、怪文書は昨年（２０１６年）の秋以降、複数回にわたって出されている」

公安筋はそう解説し、さらに続けた。

「オリンピック・パラリンピックに言及している点に着目すべきだ。いわゆるオリンピック利権をにおわせているのだが、これに関わる有力な警察ＯＢを自陣に引き入れようと、メッセージを送っていると見られる。オリンピックの警備の主体は警察ではあるが、会場の警備や案内など民間に任せられる部分も多々ある。だが、それも警察との連携が重要になるため、どの会社がどんな処遇を受けるかは時の長官次第。その会社に天下っているＯＢらは無関心ではいられない」

「安藤長官潰し」の情報テロ

翻ってみれば、特定の人物を官房副長官から遠ざけるための工作がかつて行われたこともあった。安藤長官に対するものだ。

工作が実行に移されたのは２０１０年10月。警視庁公安部の内部資料１１４点がインターネットに流出。重要機密が漏洩されたのである。一種の情報テロのようなものであった。

流出したのは国際テロリズムの捜査にかかわるもので、捜査対象者あるいは捜査協力者とされた在日ムスリムの国籍、氏名、生年月日、パスポート番号、職業、出生地、住所、電話番号、家族、出入国歴、出入りモスクといった個人情報や、中東各国の在日大使館員の銀行口座の記録や大学院生の動向記録のほか、ＦＢＩ（米連邦捜査局）やＤＳＴ（旧仏国土監視局、現国内治安総局）とのやり取り、米国防総省傘下のＯＳＩ（米空軍特別捜査局）、ＥＯＤ（米空軍爆発物処理班）の機密情報なども含まれていた。

これほどの機密に、しかも多岐にわたって接触できるのは内部の者以外にない。警察官による犯行と見られたが、いったい誰がどんな目的でこんなことをしたのか物議をかもした。

これについて、公安関係者がこう明かした。

「安藤（隆春・警察庁長官）体制に対するクーデターです。官房副長官候補であった杉田をバックアップする面々が子飼いの捜査員にやらせたともっぱら言われています。諸外国首脳が集まるＡＰＥＣ（２０１０年11月開催）で国際的な問題としてクローズアップされ、責任追及の結果、現首脳陣が一新されることを想定してのことではないかと見られます。更迭されてしまえば、官房副長官の目はなくなる。そういった意味での安藤潰しです」

これが事実なら、人権や国益よりも省益、いや個人的利益が優先されてしまっていることになる。真偽はともあれ、何らかの工作が行われたのは間違いなく、その後の動きをみると、公安関係者の描いて見せた図に近い運びになっている。

安藤氏は更迭こそされなかったが、ＡＰＥＣの際には、厳しい対応を迫られた。名代を立ててオバマ大統領に深謝せざるを得なかった。

「FBIや空軍の情報が漏れてしまったことなどに対し、警察庁の中枢幹部が警察を代表して謝罪し、穏便に事態収拾を図ったのです。放置しておけば、まさに米国からの圧力で現警察執行部が更迭されかねないほどの状況でした」

と前出の公安関係者は回顧し、さらにこう続けた。

「オバマ大統領もかなり立腹で、面会した中枢幹部に対し、『しばらくはペナルティ期間だ』と言い、情報協力に制限を設けたといいますが、その程度で済んで何よりだったのです」

安藤氏は、その後、ひっそりと引退した。また、この公安関係者によれば、そのあとを継いだ片桐裕長官は部下にこう宣言したという。

「犯人は特定できているが、これ以上のことが起こる可能性があるから、事件は立件しない」

事件はこの言葉通り、2013年10月、警視庁が被疑者不詳で書類送検し幕を下ろした。そして、この間、杉田氏が官房副長官になり、任期を継続していまに至っている。

内務省再興の野望

捜査情報や捜査網などを濫用し政権におもねり、同僚や先輩後輩を陥れてまで手に入れたいのが官房副長官というポストのようだが、それほど人事権を行使したいものなのか。

「それだけではない。さらにその先がある」

警察と政権の接近ぶりを危惧するキャリアOBは、そう警告を発した。

「幹部人事に圧倒的な影響力が行使できるとすれば、この役人国家日本でどれほどのことができるか。また、人事を介して同志的なつながりを強化していけば、秘密結社のようなものを作り出すことさえ可能だ。その先には、組織の改編、体制の変革……といったことも見えて来るものだ」

そして、北村滋内閣情報官が２０１４年３月に発表した論文を例に挙げた。『講座警察法』（立花書房）という書籍で、北村氏は特高警察と関係が深く、思想弾圧にもかかわっていた戦前の外事警察の活動および活動を支えた政治体制を称賛していた、という。

読んでみると、こんな記述があった。

《昭和一二年七月に支那事変が勃発するや、我が国は、次第に本格的戦争に介入せざるを得なくなり、近代戦に対応する国内体制の整備に迫られた。戦時における外事警察は、敵性外国人の抑留と保護警戒、俘虜及び外国人労働者の警戒取締り等は勿論のこと、敵性国による諜報、謀略、宣伝の諸活動に対抗する防諜機関として国策遂行上極めて重要な任務を担うこととなった》

《大東亜戦争が勃発した一六年一二月には、内務省令第三一号により、外国人が居住地道府県外に旅行しようとするときは居住地地方長官の許可を要すること、その他について更に厳しい制限が設けられた》

《外事警察は、他省庁や軍部とともに防諜委員会を組織し、各種施策の決定、国防保安法、軍用資源秘密保護法等の防諜法規の策定、国民の防諜意識の涵養等の事務を遂行し、その影響力は飛躍的に拡大した》

〝支那事変〟〝大東亜戦争〟〝防諜意識の涵養〟——こういった言葉づかいからして戦前への賛美が感じ取れる。

だが、それだけではないとキャリアOBは言う。

「この寄稿前後に特定秘密保護法と共謀罪が成立していることに注目すべきだ。彼が率いる内閣情報調査室はそれを主導したとも、バックアップしたとも言われているが、その視野には戦前の警察というものが明確に入っていたはずだ」

2013年12月に制定された特定秘密保護法は、行政機関における秘密の指定や、取扱い者のチェック、秘密漏洩に対する罰則などを規定したもので、要するに行政秘密はいっさい漏らさない、漏洩させないとの趣旨の法律だ。

一方、共謀罪(正式には「組織的な犯罪の処罰及び犯罪収益の規制等に関する法律等の一部を改正する法律」。「改正組織犯罪処罰法」とも呼ばれている)は2017年6月に制定されたものだが、対象となる犯罪がおびただしい。テロや組織犯罪に直接関係するもの以外の犯罪も数多く含まれており、なかには首をかしげてしまうようなものもある。

たとえば、強制猥褻、強姦、準強制猥褻、準強姦、児童淫行。また、特許権、商標登録、著作権等の侵害。さらに所得税や法人税の脱税、消費税の不払いなども対象だ。

「これほどの犯罪を網羅できるならば、捜査対象から逃れられる者はほとんどいない。さまざまな捜査が合法的に行える。そして、そういった捜査も秘密に指定してしまえば、表に出ることはない。両法を合わせれば、無敵と言うほかない。戦前の治安維持法に則った言論統制や思想弾圧とまではいかなくても、それに類することができてしまう」

キャリアOBはそう解説し、さらに続けた。

「こうした捜査権の拡大は、警察の肥大化をも促す。共謀罪に対応すべく警備・公安の捜査が拡充されれば、予算も人員も増えるからだ。言い換えれば、人とカネ。それを警察が牛耳ることになる」

事実、2020年開催のオリンピックをめぐって、テロ警戒等を名目に警察官の増員が始まっている。

「命令一下、動く人間が増えるということだ」

とキャリアOBは指摘し、命令する側についても言及した。

「組織的に見れば警察庁長官の命令で動くことになるのだろうが、警察出身者が官房副長官であった場合、後輩に当たる長官に対する発言力は軽視できない。まして全省庁の幹部人事に影響力がある以上、その意向に逆らうのは難しいのではないか」

警察の権限拡大と人員の肥大。そこに官房副長官のポストというものが加わり、それが長期にわたって継続された時、警察官僚たちの悲願とされた内務省の再興が現実味を帯びてくる。

「かつての栄光をもう一度、わが手にしたいという野望がいま明らかに見て取れる。警察庁長官にしろ、内閣官房副長官にしろ、人事をめぐる暗闘はこうした野望を実現させるためのものではないかと危惧される」

やはり、警察キャリアの「潜在能力」は傑出していると言わざるを得ない。

第三章

都道府県警察の罪と罰①

——東日本編（北海道、東北、関東、中部）

「警視庁」に込められた意味

この章では、取材で得た証言や資料をもとに、全国の都道府県警ひとつひとつの特色と配属されたキャリアのかかわりについて記していく。

規模の大小といった外形的なことから始めて、これまで発生した重大な事件や未解決事件、深刻な不祥事などを取り上げ、そこに配属された本部長がどのように各都道府県警を統轄し、またその後、どんな道をたどったかなどを見ていくこととする。

その前に、日本の警察組織がどのような歴史を経て、今日の都道府県警のような形になったのか、概説しておこう。

警察庁は「国と都道府県の警察組織のあらまし」として、こう説明している。

《我が国の警察は、明治7年、当時の内務省に警保寮が設置されて以来、第二次世界大戦の終了まで、中央では内務省警保局、地方では知事によって管理運営されていました。

戦後の昭和22年に警察法が制定され、23年から国家地方警察と市町村自治体警察の二本立ての制度となりました。その後、29年に警察法が全面的に改正され、警察運営の単位が現在の都道府県警察に一元化されました》

用語の補足をしておくと、「警」とは非常の事態に備えることであり、「保」はたもつこと。また、「寮」とは令制時代の役所の下部組織の名称で、現在の局や部に相当するものである。したがって、「警保」とは非常の事態に備え、秩序を保つことであり、「警保寮」は治安を守り、秩序を保つ部局ということになる。

そうした性格上、警保寮は１８７２年（明治5年）、司法省のもとに設置されたのだが、国内の治安維持の比重が高まるなか、１８７４年（明治7年）、国民生活全般の監視を目的としていた内務省に移管された。これにより内務省は、警察・地方行財政・鉄道・通信・国土整備・衛生など大蔵省や司法省等の所管事項を除く国内行政の全般にかかわることとなり、「官庁の中の官庁」と呼ばれ、絶大な権力と権限を誇るようになったのである。警保寮は、その2年後の１８７６年（明治9年）、現代風に警保局と改称された。

ちなみに、「察」とは調べて明らかにすることを意味し、「視」は気をつけてよく見ることである。

したがって、「警察」は治安維持に加えて捜査を行う組織を意味するが、１８７４年（明治7年）に内務省直轄の組織として創設された「警視庁」は、名称からしても治安維持の比重が高かったことになる。

さて、こうしたことを踏まえて以下、警察庁の説明を補足していく。

まず戦前の警察組織についてだが、現在の警察庁に相当し、警察行政全般を所管する警保局、そして内務省直属の警視庁、それから現在の道府県警察に相当する知事管轄下の地方警察の体制で運営されていた。ただし、道府県の特別高等警察（特高警察）は内務省の所管であった。現在の地方警察の警備部が警察庁警備局傘下にあるのと同様の仕組みであり、中央の影響力が大きかったことがうかがわれる。

そのため、ＧＨＱは戦後、こうした中央集権的体制を見直すべく、すべての市と人口５０００人以上の町村に自治体警察、それ以外の小規模町村には国家地方警察、そして国家地方警察の統括組織として国家地方警察本部を設置した。国民監視の体制を脱し、民主的な警察運営を目指してのことである。

政治的中立性の確保も図られた。大臣や知事らが直接、警察行政に関与することを排する目的で、自治体警察を管理する市町村公安委員会、それから国家地方警察、国家地方警察本部を管理する都道府県公安委員会、国家公安委員会が設けられた。なお、国家公安委員会こそ大臣を委員長としたが、そのほかは知事らが議会の承認を得て任命する形を取った。

各都道府県警の「格付け」とは

かくして、日本の警察組織は政治との距離を置いた国家地方警察と自治体警察の二本立ての制度となったわけだが、警保局の後継組織たる国家地方警察本部が国家地方警察の上に君臨していたため中央集権を完全に排することはできなかった。また、全国各地で発生した労働争議や日本共産党の動向などについての情報を、国家地方警察本部が自治体警察に要求するなど、下部組織化している面も見られた。

他方、自治体警察は人的にも財政的にも逼迫《ひっぱく》し、国家地方警察に頼ることが多かった。そのため、住民投票で自治体警察を廃止できるようになると、国家地方警察への統合が相次ぎ、中央集権へと回帰し、最終的に１９５４年（昭和29年）に警察法が全面的に改正されて国家地方警察と自治体警察が廃止され、警察庁を頂点とし、その下に全国の都道府県警がある現在の形になった（ただし、公安委員会については、市町村公安委員会は廃止され、国家公安委員会は警察庁を、また都道府県公安委員会は都道府県警を管理する形となった）。

さらに詳しく言えば、こんな体制だ。

警察庁　全国の都道府県警察本部を指揮監督。

管区警察局
警察庁の地方機関。前身は国家地方警察本部が全国に設置した6警察管区本部（札幌警察管区、仙台警察管区、東京警察管区、大阪警察管区、広島警察管区、福岡警察管区）であり、改編されて現在は東北、関東、中部、近畿、中国、四国、九州の7つの管区警察局で構成されている。なお、警視庁と北海道警は警察庁直轄。

府県警察本部

方面本部
警視庁、北海道警、大阪府警など大規模警察本部のみに設けられたセクションであり、管区警察局の都道府県版といったもの。

警察署

交番、駐在所

ちなみに、中央集権化への動きのなか、天皇、皇后や皇太子ら皇族の護衛、皇居及び御所の警衛などを担当する皇宮警察本部は、国家地方警察本部の外局を経て警察庁傘下の機関となった。

一見、整然として見える。

だがもちろん、都道府県警察の47組織すべてが同格というわけではない。一章でも触れたが、それまでの歴史や人口の規模などに応じて、次の4つに区分されている。

①警視庁、北海道警（警察庁直轄）

②宮城・新潟・埼玉・千葉・神奈川・静岡・愛知・京都・大阪・兵庫・広島・岡山・福岡・熊本の14府県警（政令指定都市を含んだ地域、すなわち人口の多い地域を管轄している警察組織。なお、神奈川、静岡、大阪など政令指定都市が複数ある府県もある）

③福島、茨城、栃木、群馬、長野、岐阜、山口、長崎、沖縄の9県警（警察法施行令では都道府県警の内部組織の基準として警務部、生活安全部、刑事部、交通部、警備部の5つの部署を挙げているが、これに加えて地域部等さらに別の部署が設置されるなどして、捜査体制が拡充されている県警）

④上記以外の22県警（警務部、生活安全部、刑事部、交通部、警備部の5つの部署だけで運営されている県警）

①②が大規模（都道府）県警、③が中規模県警、④が小規模県警（人事院の扱いでは熊本県警はこちらに入る）とされ、①②が重要視されている。トップの本部長は警察最高幹部で、階級は警視総監あるいは警視監である。また、②の各県警の本部長経験者が警察庁長官に就くことが多い。とはいえ、一章でも触れたように、③④の本部長経験者もいる。

「かつては、平穏な小規模県警の本部長を若いうちに経験したのち、大規模県警の本部長を務めて最高幹部への道を歩むというのがエリートコースでしたが、ここ最近はそうとも限りません。中規模や小規模の本部長を一度経験しただけの最高幹部が増えてきています。そういった人たちのキャリア・パスを精査してみると、大規模県警の本部長の代わりに、内閣などの重職に就いていることが多いことがわかります。内閣人事局ができて以降、この傾向は強まりつつあるようです。

ただし、最高幹部になるのは、県警の規模にかかわらず、大過なく本部長を務めた者。あるいは、大事件における失態や目に余る不祥事があったとしても、ダメージコントロールができた者に限られます。ありていに言えば、国会などで大問題になり、かつ世論をも刺激するようなことになった場合は、ダメということ。当該事案に対する処分だけでなく、その後の昇進も難しくなります。俗に、『×（バッテン）が付く』と言われる状態に陥ってしまうわけです」

キャリア人事に詳しい警察幹部はそんな解説をする。

配属された県警の体質やそこで発生する事件、不祥事などによっては、キャリアも影響を被る。対応や判断を一つ誤れば、出世の階段を踏み外すばかりか奈落の底ということもあると言っているのだが、これを都道府県警の観点から眺めてみると、具体的にはどんなケースが見られるのか。都道府県警ごとにキャリアとのかかわり、その消長について、それぞれ詳しく見ていきたい。

※各都道府県警の警察官および職員数、各都道府県の人口は２０１７年現在の概数とした。

1 北海道警
「警察庁直轄組織」の裏金隠蔽体質

66警察署、1万1800人体制（＝大規模県警）

警視庁とならんで警察庁直轄組織であり、広大な北海道を管轄する全国有数の大規模組織である。主な事件などは以下の通り。

・１９６９年11月、道警が学園紛争に介入する形で北海道大学の封鎖解除。
・１９７５年７月、道警本部爆破事件が発生。
・１９７６年３月、北海道庁爆破事件も発生。
・１９７６年９月、ミグ25Ａ戦闘機亡命。
・１９８３年９月、ソ連戦闘機がサハリン沖で領空を侵犯したとして大韓航空機を撃墜。
・１９９５年６月、函館空港でハイジャックが発生。

特筆すべきは、２００２年７月に発覚した大不祥事だ。銃器捜査のプロとされた稲葉圭昭警部が拳銃や覚醒剤を密輸し、暴力団関係者らに密売して多額の利益を上げる一方、自らも使用したとして逮捕されたのである。摘発したとされる拳銃の多くがこうした不正ルートで入手したものであることも明らかになった。おとり捜査の被害者も出た。

また、事件の背景には、捜査費が幹部らに流用されており、使うことができなかったために稲葉警部が密輸に手を染めたという組織的問題、すなわち裏金問題があったのだが、それがこの直後の2003年11月、発覚した。しかし、遅きに失した観がある。

そもそも、警察の裏金捻出および流用ということはかなり以前から全国の都道府県警で組織的に行われてきた。道府県本部長や警視総監、警察庁長官を筆頭に下々は警察署長や課長に至るまで捜査費等が交際費として飲食に費消されてきたのである。1999年には、筆者も警察庁、警視庁等が作成した会計検査院への対応マニュアルと裏金の実態についてレポートしている。そんななか、裏金は次第に姿を消すようになったのである。

ところが、道警はそれから4年後、旭川中央警察署の不正経理が発覚し、これを機に告発も飛び出し、道警全体に広がっていった。

当初、芦刈勝治本部長が定例会見で「不正経理の事実はない」と否定するなど、道警は頑として認めなかった。

が、数々の告発がなされるなか、ついに2004年12月、内部処分を発表。また、2005年11月までの間に、総額10億円近くを国庫に返還している。

しかし、その後も隠蔽体質は改まらず、さまざまな問題が続出している。そうした事情のせいか、最近、本部長を最後に退職する者が目立っている。もっとも、道警は警察庁直轄で管区警察局のコントロール下にないため、本部長が管区警察局長級ポストとされているという理由もあるかもしれない。

なお、稲葉事件当時の本部長の上原美都男氏は、内閣官房内閣衛星情報センター次長を最後に警察庁を退職。一方、裏金問題時の芦刈勝治本部長は、関東管区警察局長に就いている。また、そのあとの2代の本部長、樋口建史氏と高橋清孝氏はともに警視総監になっている。高橋氏は、その後、内閣の重職・危機管理監に就任している。

2 青森県警（人口537万人）

「体質が古い」と批判の声

18警察署、2700人体制（=小規模県警）

中国の原子力潜水艦など軍艦の行き来もある海上交通の要衝、津軽海峡に面し、米軍三沢基地、六ヶ所再処理工場をはじめとした原子力関連施設などがある地域を管轄。警備・警戒への注力が期待されているのだが、「体質が古い」との声が上がっている。

それを象徴するような大事件も起こっている。発端は1998年4月の脱税事件だった。信号機メンテナンス業界大手である「日本交通管制技術」グループが脱税の容疑で東京地検に摘発された。同グループは青森、山形、新潟、福島、神奈川の5県警から交通信号機や交通管制システムの保守整備業務を独占的に受注。それ以外にも、警視庁やほかの県警からも一部の業務を委託されていた。こうした受注の背後には、グループ顧問や役員に天下っていた複数の元警視総監、県警の幹部ＯＢらの存在があったとされた。

この捜査の延長線上で、贈収賄が発覚。同グループのひとつであった「東北交通管制サービス」に警察から天下りした前社長、社長、そして県警警務部警部の教養課次長と元県警交通規制課長が逮捕されたのである。

さらに１９９９年2月、県警交通規制課課長補佐であった警部が自殺した。元上司二人の逮捕を受けてのことと見られたが、警察庁は１９９７年の時点で、都道府県警の交通担当者を集めた会議で「随意契約を競争入札に切り替えるなど業者選定に門戸開放を進めるように」と指導をしていた。しかし、県警は耳を傾けず、旧態依然の関係をその後も続けた。その結果、現職警官の逮捕に加えて、自殺という悲劇を生むことになったわけである。

そのほかの近年の主な事件は以下の通りだ。

・２０００年12月、巡査部長が職務質問をした男性に刺殺されたうえ、拳銃を奪われた事件が発生。事件は、国家公安委員会への報告事項でも取り上げられた。
・２００３年11月、県警の警視、警部が息子らの引き起こした連続強姦事件で引責辞任。
・２００６年7月、三沢市のスナック経営の女性殺害。犯人は元夫で米兵でもあった男。

・２００８年10月、１９９３年10月に八戸市で発生した中２女子の殺害事件が時効に。
・２０１１年２月、青森署の巡査長が女子中学生への猥褻行為で逮捕。
・２０１４年５月、県警公式サイトに載せていた紙製の拳銃の作り方を、批判の声を受けて削除。
・２０１６年11月、米軍属の男が三沢基地内のホテルで働く日本人の女性をナイフで切りつけた事件が発生。男は米軍の憲兵隊によって逮捕された。基地内でのことであったため、防衛省が米軍側に被害者への対応と再発防止の徹底を申し入れるにとどまったが、県警も動きようがあったのではないかとの声も。

警察官刺殺事件など不祥事当時の本部長は、高橋美佐男氏。その後、警察大学校長を経て宮内庁侍従次長に就いている。

3　秋田県警　（人口１２９万人）
連続児童殺害事件で大失態
15警察署、２３００人体制（＝小規模県警）

人口あたりの犯罪発生件数が最少である一方、自殺率が高い秋田県。全体としては平穏な地域ながら、こと県警に限っては呆れるような不祥事が見られる。

主な重大事件を挙げてみると……。

・１９８4年5月、県警交通部の警察官らが共謀し、運転免許証を偽造し、飲食店の店員やホステスらに販売していたことが発覚。警察官らを含め、関係者20人以上が逮捕された。6月には普通運転免許を大型運転免許にしてもらった交通機動隊員も逮捕。

・１９９3年4月、臨港署防犯課の巡査が乗用車を運転していた女性を止め、スピード違反と指摘のうえ、金銭を脅し取ったとして逮捕された。猥褻行為も行っていたとも。

・２０１０年11月、侵入者を告げる弁護士宅からの１１０番通報で駆け付けた警察官が、弁護士と犯人とを混同してしまった結果、弁護士が殺害されてしまう事件が発生。

・２０１4年2月、10人にも及ぶ部下にパワーハラスメントを繰り返したとして交通部長が懲戒処分に。だが、過去のパワハラとそれに起因する自殺事件について県警は言及せず。

・２０１5年5月、前年の衆院選秋田2区で当選した自民党の金田勝年議員陣営の選挙違反事件で元私設秘書ら二人について、県警が書類送検を公表していなかったことが発覚。

・２０１7年3月、秋田県八峰町の加藤和夫町長が関係する交通事故についても、「八峰町在住の70代の地方公務員男性」と匿名で発表。

・２０１7年9月、能代署の地域課の巡査長二人が右折禁止の交差点を違反して曲がった同僚の乗用車を取り締まらず見逃し、さらに、巡査長から報告を受けた地域課長の警部と課長代理の警部補ももみ消しを指示したことが発覚。扇澤昭宏本部長が県議会の委員会で陳謝した。

忘れ難い大失態については少し詳しく記しておこう。

2006年4月から5月にかけて発生した連続児童殺害事件のことだ。4月に女児の遺体が県内の河川で発見された当初、県警は捜査本部を設置し、事件・事故の両面で調べるとしていたが、早々に「事故の可能性が高い」と発表して捜査を打ち切ってしまった。が、5月後半になって同じ河川で、しかも女児の2軒隣に居住していた男児の遺体が発見されるに及んで再捜査を開始し、女児の母親・畠山鈴香を逮捕した。

この捜査について、漆間巌警察庁長官は7月の定例会見で、「聞き込みなどが本当に十分だったのか、もう一度検証する必要がある」とコメントしている。

ちなみに、事件の際の本部長であった杵淵智行氏は、埼玉県警本部長、警察大学校長を経て退職。一方、弁護士殺害事件当時、本部長を務めた西川直哉氏は静岡県警本部をへて警察大学校国際警察センター所長に就任している。

（人口100万人）

4 岩手県警

「懲戒処分率全国No.1」の汚名返上目指して

17警察署、2400人体制（=小規模県警）

北海道に次ぐ広大な地域の治安と警備を担う。

ところが、2013年には警察官の懲戒処分率で全国ナンバー1という不名誉な実態が明らかにされた。この年、全国で処分された警察官は134人であったが、岩手県警では免職2人、停職3人を含む計10人が該当。都道府県別の職員1000人当たりの処分者数では4・0と最悪だった。

確かに不祥事が多い。最近の事例では酒気帯び運転などが目立っているが、ほかにも以下のようなものがある。

・2009年9月、不正経理が発覚。その後、本部長、元本部長、警務部長、同部長経験者、各本部部長らが減給・訓戒などの処分を受けた。

・2012年1月、県警の警部補が自宅のパソコンを使って交際していた青森県内の知人女性の裸の画像をネットに投稿。名誉棄損容疑で略式起訴され、100万円の罰金刑を受けた。

・2010年3月、卒業試験で巡査がカンニングしていたことが発覚。同年8月にも前期試験の追試験の場で別の巡査のカンニングが明らかになった。
・2015年1月、前年の交通死亡事故抑止対策に功労があったとして、警察庁から交通局長賞を贈られたが、同年10月、巡査部長がパトカーで県道を横断中の老人をはねて死亡させる事故が発生。巡査部長は単独で赤色灯を点けて運転していたというが、どういった状況にあったのかなどについて県警は明らかにしていない。
・2017年7月、県警の運転免許課長が横断歩道を自転車で渡っていた女性をはね、重傷を負わせてしまう事故が発生。

物議をかもした未解決事件もあった。

2008年7月、17歳の少女の遺体が岩手県川井村の沢で発見された。司法解剖の結果、死因は絞殺と判明。殺害後、沢に遺棄されたものと見られた。県警は、殺害の数日前に少女と会っていた男性の存在をキャッチ。その行方を追ったものの、少女の遺体が発見された2日後、男性の財布などの所持品が海岸線にある断崖上で発見された。投身自殺と見られたが、遺体が見つからなかったため、県警は偽装自殺を企て逃走したものと断定し、男性を少女殺害容疑で全国指名手配にしたのである。

ところが、少女が殺害されたとされる日時に男性にアリバイがあったこと、また男性が暴力団関係者とされる人物とトラブルを起こしていた最中の失踪であったことなどから、家族らが猛反発。「殺人犯と断定した指名手配は納得できない」として、指名手配の差し止めなどを求める訴訟を起こした。また、この事件をめぐってはさまざまな報道がなされ、ずさんな初動捜査などの問題が指摘された。

裁判は最終的には家族側が敗訴したものの、県警はいまだ容疑者の潜伏場所の特定および逮捕には至っておらず、その捜査力に疑問が投げかけられている。

懲戒処分率ナンバー1当時の本部長であった高木紳一郎氏は、警察庁情報通信企画課長などを経て預金保険機構に出向した。

（人口127万人）

5 山形県警
粘り強い捜査力に定評、NHK記者も立件

14警察署、2300人体制（＝小規模県警）

岩手県警とは打って変わって、懲戒処分件数が少ないとされる。警察庁から出向していたさる幹部が離任時に「ほかの県警に比べ本当に粘り強く、重大事件をほとんど解決に導いた」と評価したことがあるほど、捜査力に定評がある。

なるほど1993年に発生し、全国的に注目を集めたいわゆる「山形マット死事件」――集団的ないじめにより男子中学生が死亡した事件にも即応し、被害者を体育用マットで包

み、逆さにした状態で窒息死させたとして7人の生徒を逮捕・補導した。

また、２００６年5月に発生した凄惨な一家殺傷事件でも、犯行数時間後には現場から数百メートル離れた神社の軒下で右手に血がついたまま座っていた一家の縁戚関係にある男を逮捕している。

同年8月には、元自民党幹事長であった加藤紘一氏（故人）の実家等が放火される事件が発生。現場では、腹部に切り傷のある男が倒れていた。県警はすぐに捜査に着手し、男が右翼団体「大日本同胞社」の幹部であることを特定。そのうえで、放火のあとに包丁で割腹自殺を図ったこともつかみ、現住建造物等放火罪等の容疑で逮捕した。

以上は重大事件ながら、いずれも犯人の特定が容易な事件とも言われたが、入念な聞き込みなどの捜査と最新の科学捜査によって1年がかりで立件した事件もある。ＮＨＫの記者による強姦致傷事件である。

県警は２０１７年2月、ＮＨＫ記者が女性宅に侵入し性的暴行を加えたうえ、怪我を負わせたとして強姦致傷と住居侵入の容疑で逮捕したが、事件の発生はそのおよそ1年前の２０１６年2月だった。就寝中の20代の女性が「騒いだら危害を加えるぞ」と脅され、暴行されたのである。当時、女性宅付近では同様の手口の強姦未遂事件も起こっていた。県警は、それぞれ入念な現場検証で犯人の遺留物を押さえるとともに、被害女性の証言を基に作成した似顔絵などを参考に綿密な聞き込みも行い、容疑者として浮上した記者を丹念に調べて裏付けを取り、最終的には被害女性宅で採取した遺留物と記者のＤＮＡを照合し、一致したことから逮捕に踏み切ったのだという。

迅速かつ粘り強い捜査は評価に値するものだが、しかし、どんな組織もそれほど完璧なはずもない。一方で、飲酒や酒気帯びなどの不祥事が多発し、とくに２００９年は連続して発生していた。

この当時の本部長は堀金雅男氏。その後、四国管区警察局長に就任している。

（人口１１０万人）

6 宮城県警

女子名大生の連続殺人未遂を見逃したずさんな捜査

24警察署、４３００人体制（＝大規模県警）

かつてはゼネコン汚職に揺れ、最近では東日本大震災で甚大な被害を被った地域を管轄する大規模警察組織でありながら、「懲りない」、「捜査がずさん」、「隠蔽体質」と酷評が続く。

象徴的なのが、宮城県出身の名大女子学生の事件である。女子学生は２０１５年1月、前年の12月上旬に名古屋市内で老女を殺害したとして愛知県警に逮捕されたが、その捜査の過程でいまだ立件されていない宮城県内の事件についても供述したのだった。

まずは、高校時代の殺人未遂事件だ。2012年5月から6月にかけて、同級生の生徒二人に殺鼠剤などにも使われる劇薬・硫酸タリウムを飲ませていたのである。それにより体調を崩した生徒および生徒を診察した医師が警察に通報した。

ところが、宮城県警の捜査はおざなりだった。女子学生についての複数の情報を得ながらも事情聴取をせず、事件は見逃され、放置されていたのだ。しかも、県警はこうした失態を封じにかかった。2015年5月、女子学生がこの事件で逮捕されると、県警は「(かつての) 捜査の過程で女子学生の名前は出なかった」とし、横内泉本部長も逮捕後の定例記者懇話会で、「捜査に抜けはなかった」と発言。これに対して、被害者らが反発し大問題となると、一転、女子学生の名前を把握していたことなどを認めたのだった。

この事態は警察庁にも飛び火した。見解を問われた金高雅仁長官は、「宮城県警が適切に説明すると思っております」と苦しいコメントをしたのである。

だが、さらにこの直後、もう一つの事件が発覚した。女子学生が老女殺害後の2014年12月中旬、知人を殺害しようと実家近くの住宅に放火していたと愛知県警に供述。確認を取ると該当事件が見つかり、2015年6月、女子学生は再逮捕された。

こうした実態が明らかになるに及んで、横内本部長の前歴も暴露された。1999年に埼玉県桶川市で女子大生がストーカーに殺害され、事前に相談を寄せられていた警察の不手際が大きく非難された事件が発生したが、その当時の刑事部長だったのである。

このほかの重大事件などには、以下のようなものがある。

・1999年から2000年にかけて仙台市内のクリニックで不審死などが相次いだ。「仙台筋弛緩剤事件」と呼ばれるものだが、県警は不審な行動が認められた准看護士の守大助を2001年1月に逮捕した。

・2004年4月、県警の署長や所属長を歴任した元警視が仙台市民オンブズマンに告白文書を送ったことから、裏金問題が発覚。これを機に県とのバトルが始まった。東川一本部長は「調査を実施しなければならない」とする一方、仙台市民オンブズマンから捜査報償費の支出実態について釈明を求められていた浅野史郎知事に対して関連の資料を全面開示した。が、浅野知事が開示の事実を公表したことで、県警は態度を硬化。開示文書を引き上げてしまう。

この秘密主義と隠蔽体質に浅野知事は激怒。2005年6月、捜査報償費の執行停止を県警に通知した。

これに対し、漆間巌警察庁長官は「言語道断」と強く批判。その後、県警予算凍結は2005年11月、浅野氏に代わって知事に就いた村井嘉浩氏によって解除された。

・2010年2月、石巻市の住宅で男女3人が刃物で死傷されるストーカー事件が発生。桶川事件の失態から学んでいれば、もっと別の警護ができたのではないかとされている。

なお、東川一氏はその後、千葉県警本部長、警察庁交通局長を歴任した。一方、桶川のストーカー事件、名大女子学生の事件でミソをつけた横内泉氏はその後、国交省に出向。ストーカー事件時の本部長・竹内直人氏はのちに関東管区警察局長に就任している。

（人口232万人）

7 福島県警

果敢な「東電捜査」とパワハラ不祥事

22警察署、3700人体制（＝中規模県警）

東日本大震災に伴う原発事故で、多くの避難者が出た地域を管轄する県警。震災の最中には、JR常磐線の普通列車が東日本大震災の影響で発生した大津波で脱線・転覆する直前、乗客らを避難誘導した巡査が警察庁長官表彰を受けた。安藤隆春長官は「模範となる行動だった」と激励している。

これに関連して、県警は果敢な捜査も行っている。2015年10月、地元住民の要求を考慮し、津波被害を受けた福島第一原発の汚染水を外洋に流出させたとして、東京電力と社長ら幹部32人を公害犯罪処罰法違反容疑で書類送検したのである。

また、時間は相前後するが、2004年12月に福島県立大野病院で発生した死亡事件もそうだ。妊婦が帝王切開中に大量に出血し、死亡した事件だが、県が設置した「医療事故調査委員会」は、輸血の準備量が足りなかったこと、手術方法や体制に問題があったことなど執刀の医師に過失があったとした。これを受けて県警は綿密な捜査を行った末、２００６年２月に医師を業務上過失致死および医師法違反の容疑で逮捕したのだった。

両事件はその後、前者が不起訴、後者は無罪となったが、真摯に捜査対応したと評価すべきである。

だが、そんな県警にも怠慢や失態があった。以下が目立つ事例である。

・２００８年12月、いわき中央署長が長期間にわたって部下の署員にセクハラを行っていたことが発覚。女性署員十数人の肩を抱いたり、太ももを触るなどしたという。

・２０１２年７月には、夫からＤＶ（家庭内暴力）を受けていた女性が、警察署に告訴状を提出しようとしたが、担当課長は「事件化は困難」などとして告訴状を受け取らず、さらに女性の情報を加害者である夫に漏らしていたことが明らかになった。

・２０１４年４月、県警本部捜査二課の警部と警視が相次いで自殺した。事態を重く見た県警が調査を行うと、上司である二課長が自殺した警部らに対して、「小学生みたいな文章を作るな」、「あんたは係長以下だ」などと暴言を浴びせるなどのパワーハラスメント行為を頻繁に行っていたことが判明。県警は課長を戒告処分のうえ、更迭した。

・２０１６年11月、福島警察署の交通第一課長が出勤途上にもかかわらず酒気帯びの状態で車を運転し、車止めなどに衝突。バスに乗り換え、警察署に出勤したが、その後、破損した車が見つかり、道交法違反容疑で逮捕された。

福島県内には、中国の大物工作員が潜伏していたこともあった。

２０１２年5月に警視庁公安部が外国人登録証明書を不正に取得したとして外国人登録法違反などの容疑で書類送検した中国大使館の李春光一等書記官は、その20年ほど前、須賀川市に国際交流員として滞在していた。

また、福島第一原発の汚染水の流出に関しては、放射能テロを画策したような不可解な動きも見られた。捜査体制の引き締めを期待したい。

パワハラ自殺事件の際の本部長であった名和振平氏は、警察政策研究センター所長を経て広島県警本部長に。警察署内の金銭盗難事件に苦慮することになった。

（人口１８８万人）

8 新潟県警
事件発覚当日に温泉で麻雀。警察史に残る失態
30警察署、４６００人体制（＝大規模県警）

北朝鮮による拉致事件発生現場のほか、柏崎刈羽原発や中国領事館などもある地域を管轄しており、緊張を強いられる警察組織である。最近では、警察庁の表彰を受けるなど活躍しているかに見える。だが、一皮むくと、まったく違う実態が見えて来る。まずは痛恨と言え

る拉致事件についてだが、いまなお「横田めぐみさん、曾我ミヨシさんについては依然として所在が判明していません」としてホームページで情報提供を呼びかけている。

しかも、この事件に懲りず新たな大失態も引き起こしているのである。9年余りにわたって男に監禁され、2000年1月にようやく保護された少女の事件だ。

そもそもこの監禁事件は、当初からおかしかった。県警は保護当日、記者会見を行ったが、実際は保健所職員らが保護したにもかかわらず、県警がしたかのような虚偽の発表を行ったのである。これに続いて、男に性犯罪の前科があったにもかかわらず照会を怠ったため、捜査対象から外してしまったことや、母親から男の家庭内暴力について相談を受けた際にも、「保健所に相談してくれ」と応じなかったことなど、捜査ミスや怠慢が発覚した。

そして、さらに少女の保護の当日、県警の小林幸二本部長は不在。県警の業務監察のために訪れたはずの中田好昭関東管区警察局長とともに、温泉ホテルに投宿。宴会やマージャンに興じていたことが後日、明らかになった。小林本部長は、保護の報告を宴席のさなかにファックスで受け取っていた。

小林本部長は減給処分の上、辞職。中田局長も処分こそ受けなかったが、辞職した。また、両名への対応が生ぬるいと批判を浴びた田中節夫警察庁長官は、監督責任を問われ、減給処分を受けたのだった。この直後、国家公安委員会は、「警察刷新会議」の設置を決定した。警察史上に残る不祥事であった。

そのほかの重大な事件等は以下の通り。

・2000年3月、元国家公安委員長の白川勝彦衆院議員の私設秘書に依頼され、交通違反記録を抹消したとして県警の交通機動隊長と運転管理課係長を逮捕。

・2012年8月、胎内《たいない》署長が自殺。県警は内部通報を受け、署長が機動捜査隊長であった際、部下の警察手帳紛失や時間外勤務手当の不正受給などを隠蔽したとして、事情を聞いていたが、自殺はそのさなかの出来事だった。

・2014年11月、前月以降、女子高生にみだらな行為をした巡査、同僚の捜査費を盗んだ巡査部長が逮捕されるなど不祥事が続いたことを受け、緊急署長会議を開催。和田昭夫本部長は「全職員が問題意識を共有して再発防止策を講じ、全力で信頼回復に取り組まなければならない」と綱紀粛正を求めた。

・2017年1月、中学2年の女子生徒にみだらな行為をしたとして、巡査長を逮捕。

・2017年6月、柏崎刈羽原発の敷地内に侵入者があったとして、柏崎署は建造物侵入容疑で無職の男を現行犯逮捕したが、男を発見したのは原発の職員だった。県内には原発のほか中国領事館などもあり、そういった施設への厳重な警備・警戒が求められており、とくに後者については、警視庁公安部が中国工作員の出入りをマークしている状況であることから、緊張感の欠如が問題視された。

なお、署長が自殺した当時の本部長の砂川俊哉氏は、警察共済組合理事などを経て中部管区警察局長に就任。

9 長野県警

「あさま山荘事件」の屈辱と松本サリン事件の誤認捜査

（人口227万人）

22警察署、3800人体制（＝中規模県警）

日本アルプスの地と長寿の県民を管轄する一見、平穏な警察組織に見えるが、オウム真理教が引き起こした数々の事件のほか共産主義に関わる大事件での失態や不祥事が目立ち、いまなお厳しい目が向けられている。主な事件を振り返っておこう。

・1952年4月、辰野警察署などが火炎瓶等で襲撃される事件が発生し、県警は日本共産党員を逮捕したが、裁判では無罪が確定。強引な捜査が生んだ冤罪と非難された。

・1972年2月、日本中を震撼させた「あさま山荘事件」が発生。共産主義者同盟赤軍派と日本共産党神奈川県委員会が合流して結成された連合赤軍による人質立てこもり事件である。県警は警察庁、警視庁の応援を得て事件に当たったが、戦術や方針などで警察庁と軋轢《あつれき》を生じさせたうえに、偵察や作戦指揮においても混乱を引き起こしてしまい、最終的には警視庁に主導権が渡された。警視庁は機動隊員ら二人の死亡をはじめ、多数の重軽傷者を出しながらも、人質を無事救出。犯人らも全員逮捕したのだった。

・1980年3月、生坂ダムの湖底から男性の遺体がビニールひもで縛られた状態で発見されたが、ひもは男性自身で縛ることが可能な状態であったなどとして自殺と断定。友人女性の証言も黙殺された。ところが、時効後の2000年4月、服役中の男が殺害を自白。
・1994年6月、松本市内でサリンが散布され、死亡者8人、重軽傷者660人にも及ぶ被害を出した松本サリン事件が発生。県警は第一通報者であった河野義行氏を犯人視し、徹底的に取り調べを行った。マスコミもこれに追随。被害を拡大させたのだが、その後、県警は方針を転換し、オウム真理教に着目。教団施設（サティアン）脇の土壌を採取し、サリン製造の傍証を得るとともに、製造に必要な薬品ルートも調べて教団の犯行を裏付けるべく動いた。だが、結果的には、翌1995年3月に教団本部等への強制捜査が行われるまで解明には至らなかった。
・1996年3月、日本共産党の情報収集活動にあたっていた警備第一課の係長が日本共産党関連施設などに侵入し、窃盗を重ねていたことが発覚。県警は専ら盗難事件として処理しようとしたが、裁判の過程で組織的な情報収集であったことが白日の下にさらされた。
・2012年7月、警察官情報の漏洩を捜査していた愛知県警に現職警察官らが逮捕される事件が発生。事件の端緒は、指定暴力団山口組弘道会の捜査を担当する愛知県警幹部宅などへの脅迫電話であった。
これを機に、愛知県警捜査二課は幹部らの電話番号や車両ナンバーなどが漏洩していることことを把握。その入手経路について捜査を開始した。そうしたなか、不正なナンバー照会を行っていたとして、長野県警本部の巡査部長二人と県警ＯＢの探偵業者が浮上したのである。この関連の捜査では、のちに愛知県警の現職警察官も逮捕されている。

以上のように問題山積みの県警だが、松本サリン事件当時の本部長・松崎彬彦氏はその後、中部管区警察局長就任。また、２０１２年の不祥事当時の本部長であった佐々木真郎氏も警察政策研究センター所長を経て近畿管区警察局長に就いている。

（人口２０８万人）

10 茨城県警
度重なる地域政治の腐敗に挑む

28警察署、5200人体制（＝中規模県警）

筑波学園都市や東海村などを管轄する警察組織だが、筑波といえば、大学助教授の凄惨な殺害事件が思い出される。

１９９１年7月、筑波大学助教授の五十嵐一氏が、夏季休暇中の大学内のエレベーターホールで首が寸断されるほど切り裂かれた状態で死亡しているのが発見された。その前年、五十嵐氏はインド系英国人作家サルマン・ラシュディ氏の小説『悪魔の詩』を邦訳していたことから、イスラム教徒の関与が疑われた。この小説がイスラム教を冒瀆《ぼうとく》するものだとして、イランの最高指導者であったホメイニ師が出版にかかわった人たちに対して死刑を宣告し、高額の賞金を懸けていたからである。

筑波大学に留学していた学生が容疑者として浮上したものの、遺体発見当日に帰国。他方、なぜかホメイニ師と対立していた反体制武装組織「ムジャヒディン・ハルク」が犯行声明を出したり、ホメイニ師によって創設された軍事組織「イスラム革命防衛隊」の特殊部隊説が浮上するなどしたが、有力な物証等が欠けるなかでの国際捜査の壁は厚く、2006年、時効が成立し未解決事件となってしまった。

一方、特筆に値するのは、地域政治の腐敗の徹底追及だ。

平成に入って以降、すなわち1989年1月に新利根村長の岡野一兄氏を収賄などの容疑で逮捕したことを皮切りに、2006年5月、やはり収賄で逮捕したかすみがうら市長の鈴木三男氏に至るまで、現職の首長を17人も収賄や公職選挙法違反の容疑で逮捕しているのである。2007年1月には、茨城県議会議員選挙で落選した自由民主党県連副会長の松浦英一前県議を、有権者に現金を渡して票の取りまとめなどを依頼したとして公選法違反の容疑で逮捕してもいる。

そのほかの重大な事件などは次の通りである。

・1997年3月、東海村にある動力炉・核燃料開発事業団（現日本原子力研究開発機構）の東海再処理施設で火災が発生し、放射性物質を放出させてしまう事故が起こった。これに対し、県警は施設への家宅捜索に踏み切り、事業団と関係者ら6人を原子炉等規制法違反容疑で書類送検した。

・2004年1月、茨城大農学部2年の女子学生が暴行されたうえ、殺害される事件が発生。捜査は難航したが、未解決事件専従の捜査班を設置し、てこ入れしたところ犯人が浮上。遺体に残されたDNAから共犯者らも特定した。

・2008年3月、連続通り魔事件が発生。第一の事件は土浦市内の住宅街で起こったが、犯人はその後、第二の犯行を計画しつつ土浦と都内などを行き来して、県警に「早く捕まえてごらん」などと電話を入れて挑発。そして、数日後、土浦市の荒川沖駅で第二の事件を引き起こした。当時、駅構内には何人もの警察官が配置されていたにもかかわらず、駅側には伝えていなかったうえ、警察官同士に連絡を取り合う手段がなかったため犯人を取り逃がしてしまった。その間、犯人は8人を殺傷。その後、自首すべく付近の交番に向かったが、交番はなぜか不在。備え付けの電話から「私が犯人です」と自ら通報した。失態に次ぐ失態であった。

のちに、県警が荒川沖駅内外に私服捜査員しか配置せず、しかも無線機も持たせていなかったことも判明している。

この事件当時に本部長であった小風明氏はその後、警察大学校特別捜査幹部研修所長を経て九州管区警察局長に就任している。

（人口290万人）

11 栃木県警

リンチ殺人事件の大失態で被害者両親が提訴

19警察署、3800人体制（＝中規模県警）

日光、鬼怒川、那須、塩原などを擁する比較的平穏な土地柄を管轄する県警ではあるが、注目される不祥事や冤罪があり、県警の体質が問題視されている。

県警の姿勢が大きく問われた事件として忘れ難いのは、1999年12月に発生したリンチ殺人事件である。19歳の会社員男性が知人らに拉致され、およそ2ヵ月間も連れまわされ、恐喝されたうえに熱湯をかけられたり殴るなどの暴行を加えられた挙げ句、首を絞められ殺害されたのである。

この間、男性の両親は再三にわたって県警に相談。出向いた警察署は4つにも上ったが、主犯格と見られる男が県警警部補の息子であったことから、それ以外の犯人らを特定し、暴行や恐喝の証拠として銀行の監視カメラ映像の存在まで指摘しても、県警は動こうとしなかった。それればかりか、そうした相談の最中に親の携帯にかかってきた犯人からのカネの無心の電話に捜査員が出て、自ら「警察官だ」と明かしてしまう。その結果、捜査の気配を感じ取った犯人らは犯罪の隠蔽に走り、男性を殺害して山林に埋めてしまったという前代未聞の事件であった。しかも、結果的に犯人らを逮捕したのは警視庁だった。あまりのことに、両親は県警を提訴。裁判では捜査の怠慢が認められたが、その程度で済む話ではない。これ以外にも悪質な事件が多い。主なものは以下の通りである。

・2007年1月、夫からDVを受けていた妻が今市警察署に被害届を提出し、早急な対応を求めたにもかかわらず、「土日は休みだから」「緊急性はない」として対応を延ばしている最中、妻は刺殺されてしまった。やはり見殺しのような凄惨な事件であった。

・2008年8月、女性が運転する車が水没した事故で、通報を受けながら県警は出動していなかったことが発覚。「別の現場と勘違いした」と県警は弁解したが、女性は死亡。

・2009年5月、冤罪が発覚。1991年12月、県警は前年5月に足利市内で発生した幼女殺害事件の犯人として菅家利和さんを逮捕したが、遺留物のDNA型が菅家さんのものと一致しないことが再鑑定により判明し、無罪となった。この間、菅家さんは拘留され、服役していた。県警は2009年6月、石川正一郎本部長が謝罪するとともに、事件捜査で受賞していた警察庁長官賞などを自主返納した。

・2014年6月、長期の捜査を経ておよそ10年前に今市市(現日光市)で発生した小1女児殺害事件の容疑者を逮捕。ただし、捜査過程ではいくつかの瑕疵《かし》があった。まずは、事件発生直後の情報提供を生かせなかったこと。また、女児の遺体周辺から採取した男のDNAが県警の元捜査幹部のものであったという素人まがいのミスも発覚。2009年9

月、安藤隆春警察庁長官は「指導を徹底したい」と頭を下げざるを得なかった。
・２０１７年10月、県警ＯＢ二人が知的障害者支援施設で起こった傷害事件の証拠を廃棄させていたことが発覚。ＯＢらは逮捕された。
リンチ殺人事件当時に本部長であった広畑史朗氏は、福岡県警本部長を経て近畿管区警察局長に就任。また、ＤＶ見殺し殺人時の本部長であった南隆氏はその後、内閣官房拉致問題対策本部事務局審議官。

（人口１９６万人）

12 群馬県警

女児誘拐、ストーカー殺人など未解決事件多数

15警察署、３８００人体制（＝中規模県警）

大きな事件・事故に果敢に対峙してきた県警のように見えるが、重大な未解決事件など捜査力が問われる側面があり、また不祥事も目立っている。
・１９５７年1月、群馬県相馬が原の米軍演習場で、空薬莢拾いに来ていた主婦が米兵に射殺される事件が発生。捜査に乗り出した県警は、射殺したのがウィリアム・Ｓ・ジラードと特定し、米軍側がすでに身柄を確保していた当人の取り調べを要求。拒否されたものの、傷害致死容疑で書類送検した。政治密約もあり、判決は懲役3年・執行猶予4年だっ

た。

・１９７１年５月、路上で車から声をかけて誘った女性８人を相次いで殺害した連続殺人犯として、大久保清を逮捕。

・１９７２年２月、連合赤軍の主要メンバーを逮捕。その後、県内のアジト周辺から多数のリンチ惨殺死体を発見。なお、逃走者の一部が「あさま山荘事件」を引き起こした。

・１９８５年８月、日航機墜落事故発生。捜索等にあたる。

・１９９６年７月、太田市で４歳女児の誘拐事件が発生。１９７９年から１９９０年にかけて足利市内で発生した女児殺害事件との類似性が指摘されているが、いまだ未解決。

・１９９８年１月、高崎市郊外でストーカーによる一家殺人事件が発生。容疑者は小暮洋史と特定され、全国指名手配したものの、いまだ逃走中である。

・２０１０年２月、老人福祉施設「静養ホームたまゆら」で火災発生。設置者らを業務上過失致死容疑で逮捕。

・２０１２年３月、高崎市内の女子大学生に猥褻な行為をしようとして自転車ごと押し倒し、ひざに軽傷を負わせたとして高崎署巡査を逮捕。

・２０１２年４月、関越自動車道で高速ツアーバスによる死傷者多数の交通事故が発生。運転手を自動車運転過失致死傷容疑で逮捕。

・２０１６年８月、前橋市内のホテルで女性従業員に性的暴行を加えたとして強姦致傷容疑で俳優の高畑裕太さんを逮捕したが、被害者と示談が成立し、不起訴処分となって釈放。未解決のストーカー一家殺人事件のあった１９９８年当時の本部長中川雅量氏は宮城県警本部長などを経て近畿管区警察局長に就任している。

（人口１９６万人）

13 埼玉県警

身内の殺人事件で説明を避け続けた本部長

39警察署、1万１３００人体制（＝大規模県警）

首都圏の大規模警察として数々の大事件を解決する一方、失態や怠慢、深刻な不祥事を抱えることが少なくなかった。

いまなお鮮明に記憶に残っているのは、１９９９年10月に桶川市で女子学生が殺害されたストーカー事件である。女子学生は元の交際相手らから繰り返し嫌がらせを受け、同年6月に上尾署に相談。また、翌月には自宅周辺で中傷チラシを撒かれたため、名誉棄損容疑で告訴していたが、同署は捜査を放棄。女子学生に対し、告訴状を取り下げるように要請し、調書の改竄《かいざん》までした。そんななか、女子学生が刺殺された。県警が捜査を始めたのはその事件後であり、殺人の容疑者は逮捕されたものの、それを依頼した元交際相手は北海道で自殺。事件の全容解明は不可能になった。

国家公安委員会は、西村浩司本部長と横内泉刑事部長を減給処分にし、これらにかかわった上尾署の警察官3人を虚偽有印公文書作成・同行使容疑で書類送検し、懲戒免職にした。

さらに、現役警察官による殺人事件という未曾有の犯罪も忘れ難い。2015年9月、朝霞市で強盗殺人事件が発生したが、逮捕されたのは浦和署の中野翔太巡査部長だった。中野は妻子がいるにもかかわらず、捜査過程で知り合った不倫相手と二重生活を営んでおり、金銭目的で過去に事件で訪れたことのある男性宅に侵入し、金銭を奪ったうえ、殺害した。犯行後には不倫旅行などに出かけていたことも明らかになった。

この事態を前に、県警がトップの擁護に走ったことも問題視された。記者会見に貴志浩平本部長を出席させようとしなかったのである。あまりのことに記者らが反発。ようやく貴志氏は会見に出てきたが、今度は当人が逃げを打った。質問は受けず、引責辞任についても「再発防止策を講じるのが私の最大の責任だ」と退けたのである。

そのほかの主要な事件は次の通りである。

・1995年1月、熊谷市のペットショップ経営者らがトラブルの発生した顧客らを、獣医師から譲り受けた犬の殺処分用の硝酸ストリキニーネを用いて相次いで毒殺したとして逮捕された。「埼玉愛犬家殺人事件」と呼ばれ、注目を集めた。

・2000年3月、パブ・スナックのホステス3人に常連客と次々と偽装結婚させたうえ、保険金目的で殺害していたとして、八木茂死刑囚らを別件で逮捕。事件解明に入った。

・２００８年11月、さいたま市在住の山口剛彦元厚生省次官と妻が刺殺される事件が発生。そして、その翌日には、やはり厚生省次官であった東京都中野区の吉原健二宅が襲撃され、妻が刺され重傷を負った。捜査は難航するかに見られたが、数日後、実行犯として小泉毅が警視庁に出頭した。

・２０１０年２月、結婚詐欺の捜査を切り口に、県内が事件現場となった殺人容疑で木嶋佳苗死刑囚を逮捕。東京や千葉などで発生した連続不審死事件の解明に入った。

・２０１１年５月、前月の深谷市議選で当選した永田勝彦さんとその妻が、公職選挙法違反の容疑で逮捕されたが、県警が取り調べで虚偽の証言を強要していた疑いが浮上。さいたま地検は処分保留で釈放した。捏造に近い事件と批判の声があがった。

・２０１５年９月、熊谷市内で連続殺人事件が発生し、県警はペルー人のナカダ・ルデナ・バイロン・ジョナタンを逮捕した。だが、事件前には不審者として通報された犯人を取り逃がして事件を誘発させたうえ、逮捕時にも自殺未遂を起こされるなど失態が続いた。

・２０１６年３月、未解決のまま約２年間も進展のなかった朝霞市の女子中学生失踪事件が、被害者当人の警視庁への通報から解決。犯人は千葉大生だった。

以上のように問題の多い県警だが、歴代本部長から長官（佐藤英彦氏）や総監（矢代隆義氏、池田克彦氏）が誕生している。また、県警の怠慢を露呈し、その後、ストーカー規制法の制定につながった「桶川ストーカー事件」当時の西村本部長も、県警の失態と非難された

「熊谷市内連続殺人事件」、それから現役警察官による強盗殺人という未曾有の不祥事当時の貴志本部長も引責辞任はしていない。前者は九州管区警察局長に、後者は警察庁長官官房審議官に就任している。

14 山梨県警

事件解決は「警視庁頼み」!?

（人口731万人）

12警察署、1900人体制（＝小規模県警）

左翼運動やオウム真理教事件の現場になるなど大事件に対応した県警だが、警視庁主導によるものが多く、捜査力に疑問の声がある。また、不祥事も少なくない。

主だった事件は下記の通り。

・1969年11月、武装訓練を大菩薩峠周辺の山中で計画し、塩山市（現甲州市）の山小屋「福ちゃん荘」に潜伏していた左翼活動グループ・共産主義者同盟赤軍派のメンバーを凶器準備集合の容疑で、警視庁と合同して逮捕。「大菩薩峠事件」と呼ばれたものである。

・1993年8月、甲府市で信用金庫に勤務するOLが身代金目的で誘拐され、殺害される事件が発生。身代金要求の電話をもとに声紋鑑定を活用するなどして犯人を逮捕。

・1995年3月、上九一色村（現富士河口湖町）のオウム真理教関連施設を警視庁と合同で強制捜査に踏み切ったが、そこに至るまでの間の無為無策が問題視された。１９９４年１月、７月に発生した教団による殺人事件や、保護を求め施設周辺の民家に駆け込んだ信者らへの対応などがおざなりであった。

・２００７年２月、捜査員のパソコンがファイル交換ソフト「ウィニー」を通じ、コンピュータウイルスに感染し、捜査資料が大量に流出する事件が発生。流出した資料には、強姦事件の被害者の氏名や住所なども含まれていた。

・２０１１年６月、県警ナンバー２の警務部長が、複数の部下の女性警察官を飲み会に同席するよう執拗に誘ったとして厳重注意処分に。この部長は準キャリア採用のエリートだが、のちに殺人未遂で訴えられている（六章で詳述）。

・２０１１年12月、南甲府署長の警視を、女性に不適切な行為をしたとして更迭。警視は女性から強姦致傷の告訴を受けていた。唐木芳博本部長は県議会で陳謝した。

・２０１７年３月、山形県警の捜査で強姦の容疑者として浮上したＮＨＫ元記者を、県内で発生していた事件で逮捕。

・２０１７年８月、警視庁が望月清賢山梨市長を、不正に市職員を採用したとして逮捕。採用の背景にあった贈収賄事件捜査へと移行するなか、県警と合同捜査本部を立ち上げた。

なお、不祥事で謝罪した唐木氏は本部長離任後、出向元の国土交通省に復帰。

（人口82万人）

15 千葉県警

市橋達也の長期逃亡を許した「初動ミス」

39警察署、1万2800人体制（＝大規模県警）

年来、成田空港をめぐっての左翼活動家や過激派の動向把握に力を傾けてきた全国有数の大規模警察組織である。活動が沈静化した最近もなお、「捜査にご協力を」とＨＰで謳い、情報提供を呼び掛けるなど対応に余念がないが、気の緩みや怠慢による失態も目に付く。

最たるものは、２０１１年12月に発生した３県警がかかわったストーカー殺人事件だ。長崎県に実家のある習志野市在住の女性が、三重県出身の元交際相手の男性から執拗に付きまとわれ、実家や知人らへの脅迫などがあったにもかかわらず、各県警は他県警に対応をゆだねるなど迅速に動かなかった結果、実家の母、祖母が逆恨みのような形で殺害されてしまったのである。

なかでも問題視されたのが千葉県警であった。殺害事件前、女性と父親は習志野署に出向き、被害届を出そうとしたが、多忙を理由に１週間待つように言われてしまう。ところが、この直後、ストーカー事件の責任者だった生活安全課の課長や刑事課の係長ら12人が北海道に慰安旅行に出かけていたのである。事件は、旅行のすぐあとに起きた。

その後の対応も問題だった。県警は当初、慰安旅行のことを伏せたまま被害者家族に謝罪したが、隠蔽が発覚。翌年4月になって鎌田聡本部長が「誠に申し訳ありませんでした」と深謝する羽目になった。

このほかの主だった事件と捜査経緯は下記の通りである。

・２００２年８月、小型モーターで世界的なシェアを持つマブチモーター社長宅で妻と娘が殺害され、家屋が放火される事件が発生。怨恨関係説などが飛び出すなか、捜査は杳《よう》として進展しなかったものの、２００５年10月、事件関係者からの情報提供をもとに実行犯の小田島鐵男らを逮捕した。

・２００７年３月、英会話学校講師リンゼイ・アン・ホーカーさんが監禁・暴行されたうえ、殺害される事件が発生。リンゼイさんと同居していた女性から行方不明の相談を受けた県警は、リンゼイさん宅を捜索。市橋達也の存在を把握し、同人宅の家宅捜索に急行したものの、取り逃がしてしまう。以降、市橋は整形を繰り返し、全国を転々としながら逃走したが、２００９年11月、逃走途上、大阪市内のフェリー乗り場で逮捕された。

・２００９年10月、松戸市のマンションで火災が発生し、焼け跡から千葉大学園芸学部４年の女子大生の遺体が見つかった。捜査に着手すると、女子学生のキャッシュカードが使用されていたことが判明。現金自動預け払い機の防犯カメラから浮上した男を逮捕した。

・２０１０年８月、著名政治家であった浜田幸一氏（故人）を、融資を受ける際に担保とした株券を無断で売却したとして、背任容疑で逮捕。
・2016年11月、千葉大学医学部の学生3人を、飲み会の席や自宅マンションで女子学生に繰り返し性暴行を加えたとして、集団強姦致傷の容疑で逮捕。翌月には、飲み会を主催した医師も準強制猥褻の疑いで逮捕した。名門家系出身者の逮捕が話題を呼んだ。

なお、ストーカー事件で深謝した鎌田氏は1年で同期の大山憲司氏と交代したが、その後、中国管区警察局長に就任している。

（人口626万人）

16 警視庁

捜査＋治安維持、FBIとCIAを合わせた組織

102警察署、4万6700人体制（＝大規模県警）

首都東京を管轄する日本最大の警察組織であり、捜査力も情報量もその分析力も並大抵のものではない。扱う事件も多様だ。殺人、変死事件はもとより、詐欺や贈収賄、暴力団をはじめとした組織的犯罪などに加えて、極左や右翼、カルト、さらには世界規模で暗躍しているスパイなどの摘発やその犯罪防止の任も帯びている。規模の違いこそあれ、FBIとCIAを合わせたような組織なのである。

それだけに注目度が高い。摘発した事件は日々のニュースで報じられるばかりか、ドラマ

や映画の題材として取り上げられることもある。警視庁もそのあたりをよく自覚しているようで、２０１４年、創設１４０周年を機に重大事件のアンケート調査を実施している。

結果は、次のようなものであった。

・1位　１９９5年3月以降に摘発した「オウム真理教事件」
・2位　２０１１年3月に発生した「東日本大震災」
・3位　１９７2年2月に摘発した「あさま山荘事件」
・4位　１９６８年12月に発生した「三億円事件」
・5位　２０００年12月に発生した「世田谷一家殺害事件」

これ以降でランクインしている記憶深い事件には、以下のようなものがある。

・7位　１９８９年3月に摘発された「女子高生コンクリート詰め殺人事件」
少年4人が女子高生を誘拐し、2ヵ月にわたって監禁・暴行のうえ殺害。遺体をコンクリート詰めにして遺棄。家族や友人の対応も含め、社会に衝撃を与えた。
・9位　２００８年6月に発生した「秋葉原無差別殺傷事件」
外神田四丁目の交差点にトラックで突入。歩行者5人をはねた後、救護に駆けつけた通行人、警察官を立て続けに殺傷した凶悪な通り魔事件。7人が死亡、10人が負傷した。
・11位　１９９5年7月に発生した「八王子スーパー強盗殺人事件」
閉店後のスーパーでパートの女性一人とアルバイトの女子高生二人が射殺された事件。

こうした事件に続いて、陸軍青年将校によって引き起こされた昭和初期の「二・二六事件」や終戦後の混乱期に起こった無差別殺人事件「帝銀事件」などが挙げられていた。

気になる不祥事もランキング入りしていた。

・30位　１９７８年１月に発生した「制服警察官女子大生殺人事件」

現職警察官が女子大生のアパートに勤務中に侵入し、強姦のうえ、殺害。警視庁開闢以来の不祥事とされ、土田國保警視総監が引責辞任。

・43位　２００７年８月に発生した「立川署警察官による拳銃使用殺人事件」

警察官が勤務中に知人女性宅に侵入し、貸与された拳銃で女性を射殺。その後、自分を撃ち自殺。警察官によるストーカーの末の凶行は、警察の信頼を失墜させた。

なお、アンケート結果には出てこないが、こんな事件もある。

・２０１４年４月、蔵前署の男性巡査が田無署の女性巡査を殺害ののち、投身自殺をした事件が発生。やはり警察官による殺人事件である。ちなみに、両警察官の親は警察署長。

・２０１４年11月、女性警察官を勤務中の交番に泊まらせ、性的行為をしたとして、綾瀬署の４人が内規上の処分を受け、辞職。

また、注目度の高いオウム真理教事件の関連では、警察トップである長官狙撃事件について失態を重ねたことは特筆しておきたい。

解決ができなかったうえに、２０１０年３月、警視庁公安部が時効成立を機に記者会見を開き、「証拠はないがオウム真理教関係者の犯行」とコメント。また公式サイトで同様の概要を示したことも異例だ。アレフ（オウム真理教の後継団体のひとつ）から名誉毀損で提訴され、２０１３年1月、賠償命令が下った。

オウム真理教に関しては、こんなことも記憶に残る。２０１１年12月、特別手配されていた信者が警視庁本部に出頭してきたが、応対した警備の機動隊員は、いたずらと判断し、丸の内警察署に出頭するよう案内。再逃亡される恐れがあったとして批判された。

それから東京、千葉など首都圏で２００７年から２００９年にかけて連続して発生した不審死事件において、現場の一つとなった埼玉県警が木嶋佳苗死刑囚を捜査するなか、青梅市の男性被害者を自殺と誤認してしまっていたことが発覚し、問題視されたのも印象深い。

とはいえ、やはり日本最大の捜査機関。そのトップの権威と地位は揺るぎない。警視総監は警察官として最高階級にあり、警察庁長官と並び称される存在だ。警察庁ナンバー2の警察庁次長より上に位置する。キャリアとしての上がりの席と言えるのである。

それぞれのその後については、第一章でまとめた通りだ。ちなみに、副総監は管区警察局長級ポストとされている。

（人口１３７４万人）

17 神奈川県警

「不祥事隠蔽マニュアル」まで作った問題連発県警

54警察署、1万6800人体制（＝大規模県警）

全国有数の大規模警察であり、摘発事件も多いが、問題や不祥事がとにかく目立つ。いまなお忘れ得ないのは、県警トップの本部長が刑事訴追され、有罪判決を受けた前代未聞の犯人隠匿事件である。

発端は、1996年12月、県警のエリート部門である外事課の警部補が覚醒剤の使用を自供したことだった。これを受けた監察官室長らは警務部長、本部長に報告したが、本部長は隠蔽を指示したのである。ところが、1999年9月、事実が発覚。その後、警部補は覚醒剤取締法違反で起訴された。一方、本部長以下、5人が犯人隠匿罪で起訴され、有罪となった。また、この過程では、県警内に「不祥事隠蔽マニュアル」なる手引書が存在していたことも明らかになった。

有罪となった本部長・渡辺泉郎氏（肩書は1996年当時＝以下同）は同年2月に警察大学校長を退き、すでに退職していたが、同じくキャリアの原芳正警務部長は懲戒免職。訴追はされなかったものの事件に関係した芝昭彦薬物対策課長、寺中良則警備部長は辞職を余儀なくされた。

この惨憺《さんたん》たる不祥事後の2000年3月、国家公安委員会は「警察刷新会議」の設置を決定した。

しかし、この事件の以前も以後も数々の不祥事があった。代表的なものを挙げておこう。

・1986年11月、東京都町田市にあった日本共産党国際部長・緒方靖夫宅の電話が盗聴されていたことが発覚。ところが、通報を受けた警視庁町田警察署は当初捜査を拒否。緒方は東京地検に告発した。捜査の結果、神奈川県警の公安一課所属の警察官らが前年夏から盗聴を行っていた事実が判明。また、警察庁傘下の非合法工作活動を統括する公安部門「サクラ」の存在も明らかになった。

事件は国会でも取り上げられたが、それでも山田英雄長官は「電話盗聴ということは行っておりません」と否定。だが、その直後、神奈川県警本部長、警察庁警備局長が辞職するなどした。警察庁は地検に対して二度と違法捜査を行わないと誓約したとされる。

・1989年11月、坂本堤弁護士一家殺人事件が発生。坂本氏が追及していたオウム真理教による犯罪であったが、1995年の教団への強制捜査後まで解決には至らなかった。

・1995年11月、現職警察官が暴力団関係者に銃撃される。犯行動機が問題視された。

・2000年12月、県警警察音楽隊の警部補が、部下の女性隊員を刺殺し自殺する事件が発生。警察刷新会議の発足後の大事件であったため、物議をかもした。

・2006年12月、制服警官が公務中に空き巣を働いたとして逮捕された。
・2007年12月、霊感商法を行っていた「神世界」グループに県警警備課長が深く関与していたことが発覚。課長は懲戒免職になったが、その後も関わりつづけ、関係者らが逮捕された際には捜査の知識を使って逃亡を手助けしたとして犯人隠避罪で逮捕された。監督責任を問われ、山岸直人警備部長、田端智明本部長、井上美昭前本部長らが処分された。
・2010年2月、県警が業者に備品購入費などを預ける形でプールし、2003年から2008年にわたって13億円余りを不正に流用していたことが発覚。
・2017年4月、女性警察官が慰安旅行の積立金約154万円を着服し、ホストクラブで使っていたことが発覚。

以上のように問題が相次ぐ県警だが、渡辺氏の前任の杉田氏はのちに内閣官房副長官に、後任の石川重明氏は警視総監に就任。なお、神世界事件と裏金問題で処分を受けた田端智明氏は警察大学校特別捜査幹部研修所長、井上美昭氏は関東管区警察局長を経て退任した。

警視総監など重職への登竜門ポストの一つだが、必ずしも神奈川の本部長を経れば昇進するというわけではない。

（人口916万人）

18 静岡県警

比較的平穏な県だが、県警刑事部長が突然自殺

27警察署、7000人体制（＝大規模県警）

比較的平穏な県警だが、大事件や不祥事が時折、起こっている。

さかのぼれば、１９６６年6月に発生した「袴田事件」。みそ製造会社専務宅が放火され、焼け跡から一家４人が刺殺された状態で発見された。県警は同社の従業員で元プロボクサーの袴田巖氏を逮捕。袴田氏は捜査段階で強要され犯行を自供したが、公判では否認。しかし、認められず死刑判決を受け、それが確定した。袴田氏は冤罪だとして再審を求めた。それから30年余り。証拠とされた血痕の付着した衣類の再鑑定から、血痕が袴田氏のものでも被害者のものでもないことが判明したことなどから、２０１４年3月、ようやく再審が決定。袴田氏は釈放された。県警の捜査手法が問われた冤罪事件である。

また、１９６８年2月には、清水市（現静岡市清水区）内のクラブで暴力団員が射殺され、射殺した在日二世の累犯者・金嬉老が寸又峡温泉の旅館に逃げ込み、経営者と客を人質に取って立てこもる事件が発生している。金は記者に扮した警察官に逮捕され無期懲役とな

るが、服役中に「差別的な取り扱いを受けた」として日本政府に抗議するよう韓国外相あての陳情書を送った。1999年、特別措置で仮出所し、渡韓。その後、韓国内で殺人未遂事件を引き起こすなどした。

最近では次のようなものが記憶に残る。

2011年8月、天竜川で川下り船が転覆し、乗客と乗員計5人が死亡、5人が負傷した事故が発生。県警は2014年2月、業務上過失致死傷の疑いで船頭らを書類送検した。

2017年4月には、県警の伊藤博文刑事部長が自殺。動機が話題となった。

さらに、同年9月、細江署の巡査が交通違反の取り締まりの際に女性の体を執拗に触るなどしたとして、準強制猥褻などの疑いで逮捕される不祥事が発覚した。（人口367万人）

19 愛知県警

暴力団「弘道会」の本拠地、警察官脅迫事件も

45警察署、1万4500人体制（＝大規模県警）

トヨタを筆頭に最先端技術を有する企業群を抱える地域柄、公安事件に力が注がれ、数々の事件を摘発している一方、六代目山口組組長の出身母体である弘道会の本拠地ならではの問題も発生。また、大都市圏だけに大事件もままある。

・2000年5月、17歳の高校生が豊川市の主婦を惨殺する事件が発生した。
・2007年3月、県警は大手自動車部品メーカー「デンソー」（刈谷市）の中国人技術者を、自動車関連製品の図面を大量にダウンロードし無断で持ち出したとして逮捕。
・2007年5月、長久手町（現長久手市）で元暴力団組員の男が元妻に復縁を迫り、拳銃を手に家族のいる家に立てこもった。出動した県警のSAT（特殊部隊）隊員一人が銃撃され、殉職。妻子と警察官一人が負傷した。
・2007年6月、大相撲時津風部屋に在籍していた少年が犬山市の宿舎で暴行を受け死亡。県警は遺体の組織検査の結果、暴行と死亡との因果関係を立証し、2008年2月、時津風親方と兄弟子らを傷害および傷害致死容疑で逮捕した。
・2010年7月、暴力団捜査担当警部が電話で脅迫される事件が発生した。県警は捜査に着手し、山口組系弘道会の資金源と目されていた風俗店グループ「ブルーグループ」による犯行と特定。情報調査会社などを利用して県警捜査員の個人情報や捜査車両の情報などを不正に取得していたこともつかんだ。
2012年7月、県警は、警察の捜査車両を確認するための不正なナンバー照会を行い、その情報を調査会社に流していたとして、長野県警の巡査部長二人と長野県警OBの探偵業者を逮捕した。2013年1月には、「ブルーグループ」の実質的経営者と幹部らを警察官脅迫の容疑で逮捕。次いで5月、幹部の逃亡を幇助《ほうじょ》したとして犯人隠避の容疑で、脅迫事件の弁護に当たっていた元検事の城正憲弁護士の逮捕にも踏み切った。そして、さらに2013年9月、「ブルーグループ」から過剰な接待などを受け、その見返りとして車の使用者情報等を漏洩していたとして、県警捜査一課警部を立件したのである。

長年、弘道会との癒着が指摘されてきた県警の暗部の一端が、ようやく明かされることになった。

・2012年3月、工作機械大手ヤマザキマザック（大口町）のサーバーコンピューターにアクセスし、秘密情報を複製したとして、県警は同社の中国籍の社員を逮捕した。

・2017年2月、トヨタグループの特殊鋼メーカー「愛知製鋼」（東海市）のセンサー開発技術情報を他社に漏らしたとして、県警は同社元専務らを逮捕。

・2017年6月、福岡市のJR博多駅近くで2016年7月に7億6000万円相当の金塊が盗まれ、名古屋市の暴力団周辺者の男らが逮捕された事件で、愛知県警の警察官が逮捕前の容疑者と電話でやりとりしていたことが発覚。捜査情報の漏洩疑惑が生じた。

・2017年10月、ネジ加工工具やドリルなど切削工具製造の国内最大手「オーエスジー」（豊川市）の元社員の男が同社の先端的な技術情報を不正に取得し、中国籍の知人に漏洩したとして、県警は不正競争防止法違反容疑で逮捕した。

こうした実績を上げてきた県警だけに、本部長経験者の評価は高く、長官や警視総監を輩出している。「ブルーグループ」事件を指揮し、その後、2016年に警視総監に就任した

沖田芳樹氏もそのひとりである。　　　　　　　　　　　　　　（人口７５３万人）

20 岐阜県警

町長暴行、市長の汚職疑惑など、政治がらみの案件が

22警察署、３９００人体制（＝中規模県警）

政治にかかわる後味の悪い事件が目立つ県警である。

とりわけ、静穏な地域で起こった凄惨な事件の記憶はいまだ生々しい。１９９６年10月、御嵩町で元ＮＨＫ解説委員であった柳川喜郎御嵩町長が自宅マンションのエレベーター付近で二人組に襲われ、頭蓋骨骨折などの重傷を負った。事件の背景には、産業廃棄物処理場の問題があったと見られている。その傍証となる事件も、この直前に発生していた。産業廃棄物処理業者と関係のある者たちが、処理施設建設に反対を掲げて当選した柳川町長宅を盗聴したとして、電気通信事業法違反で逮捕された。

こうしたことから、真相解明は難しくないと見られたが、２０１１年10月、未解決のまま時効を迎えた。県警は柳川氏に謝罪したが、捜査には問題がなかったとしたのだった。

また、２００７年８月、自民党の野田聖子衆議院議員の事務所が放火され、ノートパソコンや防犯カメラの映像を記録したビデオデッキが盗まれる事件が発生したが、こちらも未解

決事件となっている。

一方、2014年6月、藤井浩人美濃加茂市長が市議時代に自身の出身中学校への雨水濾過機設置に際し、名古屋市の業者に便宜を図り、その見返りに現金を受け取った疑いがあるとして、県警は収賄の容疑で逮捕した。ところが、裁判では一審が無罪となった。また、高裁で逆転有罪判決を受けると、藤井氏は辞職したうえ、自身の潔白を主張し、「選挙によって市民の皆さんの審判を仰ぐ」と出直し選挙に出馬。再選されたが、最終的に最高裁で有罪が確定した。

そのほか、以下のような重大事件も発生している。

・1994年10月、長良川河川敷で男性二人の遺体が発見されたことをきっかけに、不良少年グループによる連続リンチ殺人事件が明らかになった。岐阜以外では大阪、愛知でも殺人を犯していた。

・2014年7月、大垣市の風力発電施設建設をめぐり、大垣署が事業者に対し、反対住民の過去の活動内容などを伝え、警戒するよう助言したうえ、学歴や病歴といったセンシティブ情報まで漏らしていたことが発覚。県警は、通常の警察業務の一環と切り捨てた。

・2017年8月、高山市の介護老人保健施設「それいゆ」で高齢入所者5人が相次いで死傷した事件が発生。県警は、全容解明に努めているが、いまだ解決せず。

なお、未解決のまま時効となった柳川町長襲撃事件時の本部長は中村正則氏。その後、福岡県警本部長などを経て関東管区警察局長に就任している。

（人口２０１万人）

21 富山県警
週刊文春に送りつけられた犯行告白CD

15警察署、２２００人体制（＝小規模県警）

北朝鮮による拉致事件の現場となった新潟や福井と同様、北朝鮮関連の事件が少なくなく、緊張を強いられている県警である。たとえば、１９９９年3月、富山湾北方で2隻の不審船が見つかり、工作員の潜入が懸念されたことがあった。また、２００１年3月にも、富山湾に注ぐ黒部川河口で、上陸用と見られる水中スクーターが発見されている。ところが、その後の捜査は進展していない。また、刑事事件においてもむごい冤罪や警察官による凶悪犯罪などがあり、捜査体制の刷新が求められている。

それぞれの事件について、概要を記しておきたい。

・２００２年3月、16歳の少女が強姦されそうになった事件が発生し、県警は同年4月、タクシー運転手を強姦未遂容疑で逮捕し、翌5月には別の少女への強姦容疑で再逮捕した。ところが、２００６年11月、別の婦女暴行事件で鳥取県警に逮捕された男が真犯人だと自供。県警による調書捏造も発覚した。「富山事件」と呼ばれる悪質な冤罪事件である。

・２０１０年4月、富山市内の不動産会社役員宅が放火され、焼け跡から役員と妻の絞殺と見られる遺体が発見される事件が発生した。
その直後、週刊文春編集部に一枚のＣＤ－Ｒが送付された。それには、警察あるいは消防の一部でしか知り得ない見取り図が添付されており、犯行動機についての記述もあった。が、県警の対応は鈍く、そのＣＤ－Ｒを入手したのは２０１２年8月。解析にはさらに時間を要した。そして、同年12月、解析の過程から浮上した県警警部補をようやく逮捕したのだった。現職警官によるこの凶行を前に、新美恭生本部長は「慙愧《ざんき》の念に堪えません」と涙を浮かべ謝罪したのであるが、その後、警部補が地検の取り調べで供述を翻すなどしたため、地検は不起訴に。事件は未解決となっている。

この事件発生当時の本部長は齊藤良雄氏。その後、中国管区警察局長に就任。

（人口１０６万人）

22 石川県警
不祥事続出でも県警トップにお咎めなし

12警察署、２３００人体制（＝小規模県警）

小規模な県警ながら、警戒対象が少なくないのが特徴だ。

帝国海軍の飛行場があった小松は戦後、米軍に接収されたのち、現在は航空自衛隊基地となっている。また、１９９３年には、北陸電力志賀原子力発電所が運転を開始した。隣県同様、北朝鮮の不審船や密航者も出没。時間を巻き戻せば、拉致事件も発生している。「宇出津事件」と呼ばれるものだが、１９７７年9月、東京・三鷹市役所で警備員をしていた久米裕さんが、宇出津海岸そばの旅館に誘い出されて拉致された事件である。主犯と見られる北朝鮮工作員の金世鎬は国外移送目的誘拐容疑で国際手配されている。

こうした状況を踏まえ、２０１０年11月、安藤隆春長官が宇出津海岸や志賀原子力発電所での対テロ訓練を視察。「風光明媚な自然の中で拉致が行われたことは、非常に残酷」とコメントしたのは記憶深い。事件の風化防止とテロ警戒を促し、捜査体制のさらなる充実を訴えたのである。

ところが、不祥事が少なくない。窃盗、女性問題、酒気帯び運転……。しかも、２０１１年2月には、不正経理問題も発覚している。２００３年から２００８年にかけて物品の納入をめぐって４０００万円余りの不正があったというのである。警察庁および県警は、元本部長の横山雅之氏、宮園司史氏、渡辺巧氏、谷直樹氏らを処分した。

だが、横山氏も、宮園氏もその後ともに関東管区警察局長に、また谷氏は四国管区警察局長に就任している。

（人口１１５万人）

23 福井県警

全国唯一の「原子力関連施設警戒隊」を設置

11警察署、2000人体制(=小規模県警)

日本海に面した北朝鮮に近い地域を管轄するとともに、隣接する石川県警と同じような警戒対象を有している県警であり、そのための備えも充実している。

県内には、日本原子力発電敦賀発電所や関西電力美浜発電所ほかいくつもの原子力発電所や関連の施設があるため、全国唯一の専従部隊として県警内に「原子力関連施設警戒隊」が設置されており、日々、その警戒にあたっている。

解決した重大な事件、記憶に残る出来事も少なくない。

・1997年7月、愛媛県松山市内でホステスの首を絞めて殺害したのち、整形を繰り返し、全国を転々としながら15年近く逃亡していた福田和子を、時効直前に逮捕。

・2002年10月、北朝鮮による拉致被害者である地村保志・富貴恵さん夫妻が帰国。

・2015年4月、小型無人機・ドローンを飛ばし、首相官邸の屋上に侵入させた県内在住の元自衛官が県警に出頭。ドローンには、原発事故のあった福島県の砂を入れたプラスチック容器が搭載されており、元自衛官は「原発政策への抗議だ」と供述。威力業務妨害の疑いで逮捕された。

もっとも、不祥事もある。主なものを挙げておくと……。

・２０１０年５月、２００４年から２００９年にかけて契約内容と違う物品を県警に納入させるなどし、およそ１５００万円を不正に使用していたことが発覚。佐野淳前県警本部長らが処分された。

・２０１３年11月、暴力団との交際情報をもみ消すためと称し、会社役員の男性から現金を脅し取ったとして、恐喝の容疑で県警警部を逮捕。警部には、暴力団員らから約４００万円もの借金があったことがのちに判明した。

不正な経理で処分を受けた佐野氏は、東大大学院修了で１９８０年に技官として警察庁入庁という経歴で、のちに警察庁情報通信局長に就任。

（人口78万人）

第四章

伝説と栄光のキャリア官僚たち

後藤田官房長官との絆

これまでは現役を中心に都道府県警と警察キャリアの動向を記してきたが、そこからいったん離れて、歴史に目を転じたい。

伝説の警察キャリアと言えば、内務省から警察入りし、長官を経て政治家に転身して官房長官、副総理と歴任した後藤田正晴氏は欠くことのできない一人だ。逝去して久しく、直接に話を聞くことができないのは残念だが、その薫陶を受け、かつ独自の視点から警察行政に取り組み、いま現在も活躍しているキャリアたちは少なくない。

その代表的な一人が平沢勝栄氏だ。

後藤田官房長官時代に秘書官として仕えたのち、同じく政治の道に入った。

そんな平沢氏に、自身の歩みとそこから得た教訓、そして警察およびキャリアへの提言などについて話を聞いた。

平沢氏が警察庁に入ったのは、1968年のこと。

当時、社会は学生運動をはじめ、共産主義に影響を受けたさまざまな運動が展開され、革命を標榜した形でのテロや武装闘争の嵐が吹き荒れていた。平沢氏の母校・東大でも卒業式や入学試験が中止になるなど、学生運動が盛んであった。

「治安維持のために尽くしたいと思った。同窓の佐藤英彦（元長官）と、よし一緒にやろうと言って入ったのです」

と平沢氏は昔日を振り返った。警察大学での6人部屋の共同生活、朝6時の起床、夜10時の消灯、そして渋谷での交番勤務……。だが、翌年には警部に昇進し、警察庁外事課に配属された。

「いい経験をさせてもらいました。ＣＩＡ、ＳＩＳ（英秘密情報部＝通称ＭＩ６）、ＤＧＳＥ（フランス対外治安総局。当時は防諜・外国資料局）、ＢＮＤ（ドイツ連邦情報局）、モサド（イスラエルの対外情報機関）、ＣＳＩＳ（カナダ安全情報局）といった在京各国の情報機関のカウンターパートと定期的に会ってテロ情報などをはじめとした情報の交換をしました」

その後、2年間の米国留学を経て、１９７３年、福岡県警の外事課長に就任。50名近くの部下を持ち、4班を動かし、防諜活動にあたった。北朝鮮の工作員を追って熾烈な攻防を繰り広げていたが、忘れ難い失敗もあったと言う。

「もっとも記憶に残っているのは、一瞬のすきを突かれて工作員を取り逃がしてしまったことです。尾行・行動監視が長期にわたっており、相手の動きも性急だったため、バン（職務質問）をかけさせたのです。当時は若く、部下はベテランでしたから、判断に迷うことは多々ありました。これもそのひとつでしたが、ゴーサインを出した以上、身柄を押さえて徹底的にやらなければと思ったのです。しかし、相手は外国人登録証明書を出して身元を明かしたので、仕方なく解放しました。が、その数時間後、福岡沖から不審船が出航したことが判明。工作員がその不審船で出国したことは確実です。もし、あの時、身柄を押さえておれば、その後の拉致事件なども未然に防げたのではないか、などと考えてしまいます」

平沢氏がその後、政治家として拉致問題に深くかかわる原点ともなった出来事であった。

この事件に関連しては、こんなこともあったという。工作員を解放するまでの間、平沢氏は警察庁にも連絡を入れ、相談したが、

「パスポートとは違い、これまで偽造の外国人登録証明書が日本で使われたことはない」

との回答だった。

ならば所在は把握できたので機会を改めてと判断したのだが、実はのちに偽造であることがわかった。警察が認知した第一号の偽造外国人登録証明書であった。これを機に、警察は外国人登録証明書のチェックも厳格化したという。

このの ち、平沢氏は警察庁に戻り、外事捜査のキャリアを重ねた。現在の国際テロリズム対策課——当時は非公式であった部署に配属され、世界各地でテロを引き起こしていた日本赤軍らの捜査にあたるいわゆる「赤軍ハンター」の初代のメンバーとして中東入りしたこともあった。

「ＣＩＡらを介してレバノン当局に接触し、入国記録やパスポートナンバーなどを入手しました。これを突破口に、パスポートの偽造などの容疑で赤軍メンバーを国際指名手配し、彼

らの動きを封じ込めていったのです」

と平沢氏は述懐した。

日本のＭＩ６を創設せよ

さらに、この直後には英国大使館に赴任。一等書記官としてＳＩＳと定期的に情報交換するなど、欧米の情報機関などとの連携を深め、インテリジェンス（諜報）、カウンターインテリジェンス（防諜）の王道を歩んだ。

転機が訪れたのは、１９８５年、後藤田官房長官の秘書官に就いたことだった。

「後藤田さんの傍らでその仕事ぶりを見ていて、大きな仕事をするには政治家のほうが実現できると思った」

平沢氏はのちにそう語っている。警察庁帰任後には、少年課長、保安課長、岡山県本部長などを経て警備局審議官へと順調に昇進したものの、もはや官僚の世界が息苦しく感じられたのかもしれない。

１９９６年、後藤田氏から勧められ、衆議院選挙に出馬。当選し、政治家としての道を歩むことになった。

そして、いま平沢氏は官僚の世界に厳しい目を向ける。

「省益を考えることが多い従来の制度は問題だが、いまの内閣人事局もよくない。そもそも一元的な人事管理では多様な人材が育ちません。いろいろな人間がいて、異論が出てこそ国のためになるというものです。一方、役人側とすれば、内閣人事局は政権や人事局長に媚びてヨイショしてしまう制度。忖度、ごますり官僚ばかりになったら、国が滅びてしまいます」

まず官僚全体について、そんな問題を指摘した。

そののち、警察へと目を転じる。

「警察は捜査権をほぼ独占していて、圧倒的な権力を持っている。その結果驕り高ぶりなどの問題も多い。そして常に増員を考えています。後藤田さんの時代もそうでした。（後輩の）警察庁長官の山田英雄さんがよく（人員増を）頼みに来ていましたが、警察官のムダが多い、と言って後藤田さんは頑として増員を受け付けませんでした。警察には厳しい方でした。

キャリアに対してもそうです。『謙虚たれ』とよく言ってましたが、まったく同感です」

政権への媚び、捜査権の独占、問題の多発……後輩の警察キャリアたちへの忸怩《じくじ》たる思いがその言葉ににじむ。

「警察ＯＢでなければ、なかなか言えないことですから、ちゃんと言わなければ」

と平沢氏は言って、こんな提言をした。

「わたしは情報など特定の分野ではもうひとつの警察――いまの警察に対抗できるような別の組織を作るべきだと思っています。互いに競い合い、監視し合うようになれば、いい仕事をするはずです。欧米ではそうなっていますし、日本でも薬物などではそうなっています。たとえば、米国の場合いくつかの情報機関があります。日本はゼロと言っていいでしょう。純然たる情報機関がありませんから、まずはそれを創設すべきでしょうね」

インテリジェンスの世界で欧米の後塵《こうじん》を拝する日本の警察にとって、情報機関の創設は急務と言える。

「伝説の警察官僚」に誘われ

警察官僚ならではのにらみを利かせて活躍している栄光のキャリアといえば、小野次郎氏の存在も重要だ。

運命的な出会いとめぐりあわせのなかで警察官僚として歩み、総理秘書官というポストを経て、その枠を超え、政治の世界へと飛翔した。

そんな小野氏に、自身の歩んできた道、見つめ、考えてきたこと、警察官僚のあり方、そしていま取り組んでいることなどを聞いた。

小野氏が東大法学部を卒業し、警察庁に入庁したのは１９７６年のことだが、まずこの時点で大きな出会いがあったという。

正確に言えば、入庁直前のことだ。国家公務員上級試験を終え、官庁訪問をしていた当時の小野氏の頭には、戦前、日本の内政を総攬した内務省の存在があった。戦時体制を敷いたという側面ではなく、あくまでも国家を守るという肯定的な観点からのものだったという。

「だから内務省庁舎であった中央合同庁舎旧2号館、通称人事院ビルに足を向けたのです。で、自治省、警察庁と回っていると、警察庁の人事担当者から『会ってもらいたい人がいる』と言われ、付いていくと警視総監の土田國保さんがいたのです」

土田國保氏は、後藤田氏と並び称される伝説の警察官僚である。

年齢こそ後藤田氏よりも数歳下だったが、内務省キャリアであったこと、また主計大尉として終戦を迎えたこと、警察庁と警視庁の別はあっても、それぞれトップを務めたことなど経歴において類似点も多い。

それに加え、土田氏は警察キャリアらしからぬ苦難に遭遇しながらも、その職務に献身し、かつ理想に徹したことから、いまなお仰ぎ見るキャリアも少なくない。

真っ先に言及されるのは、１９７１年に発生した事件だ。左翼活動家による爆弾事件が相次ぐなか、当時、警察庁長官を務めていた後藤田氏や、警視庁警務部長であった土田氏らも標的とされ、小包爆弾が送付されたのである。後藤田氏宛のものは配達途上で爆発し、難を逃れたが、土田氏宛に送られた爆弾は妻を殺害し、息子に重傷を負わせた。

事件に際し、土田氏は「治安維持の一端を担う者として、かねてからこんなことがあるかもしれないと思っていた」と述べ、「犯人に向かって叫びたい。君は卑怯だ」と毅然と対峙。残念ながらこの事件は未解決となってしまったが、警視総監に就任した1975年には連続企業爆破事件の主要メンバーを検挙した。その一方、1978年、北沢署巡査による女子大生暴行殺人事件が発生すると、あっさりと引責辞任し、身を引いた。

「自身に厳しく立派なひとだった」

「真の警察官だった」

土田氏を知る人たちは、いまもそう語っている。その土田氏から「一緒にやろう」と、小野氏は誘われたのだという。

「肩に腕を回され、そんな風に熱く言われました。意気に感じて、ならばと決めたのです」

こうして警察官僚としての道を歩み出した小野氏は、見事その期待に応えた。自身では、歩んだのは警察の王道ではなかったと言うが、置かれた場ごとに独自の成果を出してきたというのが実際のところだ。

捕まえることだけが仕事ではない

事実、1981年、入庁して6年目に茨城県警捜査二課長を務めた際には、風変わりな談合事件を摘発し、長官賞を受賞している。

通常の談合事件の場合、入札を降りるか、入札ではじかれるようにわざと高値で入札するなどした会社に、受注した会社が礼金などを支払うものだが、この事件では、そういった金銭のやり取りが認められなかった。

これでは、立件できない――。

捜査は行き詰まりかけた。が、談合の背景を入念に調べてみると、礼金の代わりに、受注した会社が他社を下請けとして、仕事を発注する形で利益を供与していたことがわかった。小野氏は、ならば仕事の発注を礼金とみなせばいいと判断し、地検と相談のうえ、立件に踏み切ったのである。

「ただ、気の毒なことをしてしまいました。まったくあずかり知らぬことではあったのですが、容疑者を逮捕しようとその自宅を張り込んでいたところ、家に灯りがついたので踏み込んでみると、容疑者の娘さんがいて、聞けば、『明日の結婚式のために晴れ着を取りに来た』というのです。えっ、と思いました。こんな時に結婚式とは。父親は当然、出席できないでしょうし……結婚式は、その後の生活は、いったいどうなってしまったことか。あの娘さんはどうしているのか。いまも気にかかっています」

小野氏は、そう事件を振り返り、人の人生をあっという間に破壊してしまう警察権力というものの怖さを痛感したと明かした。

この思いは、教訓として即座に生かされた。財産相続に絡んで親族間で争いが起こり、相続の手続きに必要な実印が保管者から脅し取られる事件が発生した。価額数千円の印鑑の恐喝事件として立件しようとする現場に、小野氏は待ったをかけた。

「犯人を捕まえることだけが、我々の仕事ではない。相続争いに詳しい民事の弁護士に話を聞いてみると、民法上の『相続人の廃除』という手続きが最もふさわしいと言う。民事の手続きを先行させたら、喝取した親族はすぐに印鑑を返還し、事は終息したのです」

大岡裁きではないが、捜査知識、技量だけでなく、心を伴ってこその警察だという。

１９９０年、警視庁の防犯総務課長になると、これまた小野節を発揮した。

１９９１年１月に女優の樋口可南子さんをモデルにした篠山紀信氏の写真集『water fruit』（朝日出版社）が発売された際、一部の写真にヘアが写っていることが問題視された。警視庁防犯部も摘発に向けて動き出したのだが、小野氏は、警察は一般社会から拍手喝采を受けるような事件を検挙すべきだ、と反対した。結果、警視庁は芸術性が認められる、有識者の間で刑事責任を問うことへの慎重論が強いなどとして、事件化を見送ったのだった。評価が分かれる芸術性と猥褻性を、警察の独断で判断するのは適切と思われなかったのである。

そして、１９９５年、警察庁国際第二課長に就任すると、今度は省益を度外視して動いた。きっかけは、国際的なマネーロンダリングについての政府間機関であるＦＡＴＦ

(Financial Action Task Force on Money Laundering) からの要請を受けたことであった。資金洗浄やテロ資金供与などが疑われる取引情報を収集・分析する組織であるＦＩＵ (Financial Intelligence Unit) の設置を持ちかけられた。警察庁という立場を超えて、国際犯罪対策の観点から設置の必要性を痛感した小野氏は、新組織は警察庁内に設けなくてもいい、さらに新組織の定員については、警察庁の職員枠を割愛してでも構わないとまで訴えて内閣や他省庁を説得して回ったという。

「ロンダリングにかかわるのは銀行だけではありません。郵便局や農協、信用組合などといった金融機関も含まれており、しかも所管官庁がそれぞれ違います。だから、大蔵省だけでなく、郵政省や農林水産省などに行って懇々と必要性を説いたのです。そうして、ようやくめどが立ちました」

ＦＩＵは、小野氏の離任後、２０００年に金融監督庁（現金融庁）内に設置された。その後、業務の複雑化に伴い、２００７年、国家公安委員会へ移管されている。

「靖国公式参拝」のウラ舞台

この桁外れな仕事ぶりが実を結んだちょうど２０００年、警察庁暴力団対策第一課長となっていた小野氏は、今度は従来のタブーを破って暴力団情報の積極的提供を開始した。

「金融機関や証券会社、不動産業者らに暴力団を排除せよと言いながら、誰が暴力団員なのか情報を提供しないというのは、おかしい。だから、方針を転換し、情報提供の基準を明確化した。それだけです」

小野氏は、ごく当たり前のことのように言うのだが、前例を踏襲するのが常の役人の世界において画期的なことであるのは論を俟《ま》たない。

警察庁は同年、「暴力団排除等のための部外への情報提供について」と題した通達を発している。これを契機に、全国各地で暴力団排除条例などが制定されていくことにもなったという。

こうした異才ぶりが政府の目にも留まったのであろう。翌2001年、小野氏は総理大臣秘書官に抜擢された。これが、また運命的な出会いとなるのだが、そのことに小野氏自身が気づくのは数年してからのことであり、当面は秘書官の職務に没頭した。

最初の職務は、靖国参拝への対処であった。秘書官としての小野氏の職掌は、かつて志望していた内務省キャリアと同じく、外交や経済などを除いた内政全般に及んでいたからだ。

「8月15日に公式参拝すると言って総裁選を勝ち抜き、首相になった小泉さんだから、当然、その日に行くつもりのようでしたが、これはヤバいと思いました。福田康夫官房長官をはじめ、党幹部や公明党も反対していましたし」

小野氏は、当時をそう振り返った。そして、過去の事例を調べはじめたという。

その結果、判明したのは、田中角栄首相時代までは8月15日の参拝はしていないこと、それから森喜朗首相の場合は、誰の目にも留まらない早朝、靖国神社の参道内に車を止めて、そこからひそかに参拝したということなどであった。

調査と並行して、小野氏は知恵も絞った。

「そもそも靖国神社には、日清・日露戦争などで亡くなった方たちも祀られています。それを考慮し、田中首相以前の参拝のありかたも視野に入れれば、何も第二次大戦の戦没者だけにこだわる必要はないのではないかと思い至りました。

こだわれば、第二次大戦に対する世界の評価を変えるのか、ということになりかねません。むしろ、8月15日を外して、お正月とか、春、秋の例祭の時期とか、日本の風習に合った頃合に参拝することでこそ、世界にも認められ、またのちに続く首相の道しるべにもなるというものです」

そう考えた小野氏は、小泉首相に自身の考えを真摯に伝えたという。が、飯島勲秘書官は立場を異にしたようだ。この点について、小野氏はこう語る。

「わたしの立場はあくまでも総理に仕える秘書官であり、政治家・小泉さんに仕えているわけではありません。したがって、小泉さんにとっていい悪いでなく、総理の言動がどう評価されるか、それが後代の総理にどんな影響を与えるのかを考えることなのです。肝心なのは、この場合、誰はばかることなく堂々と総理が参拝できるような制度、ルールを作ること

——考えていたのは、そのことだけです。しかし、飯島さんはそうもいかない。あとにも先にも政治家・小泉純一郎にしかできない靖国参拝を実現させたかったようです。国に仕えている官僚の秘書官と、政治家小泉さん個人に仕えている飯島さんとは違っていても不思議ではないでしょう」

こうした哲学は軋轢《あつれき》を生むこともあったが、耳に痛いことを言うことが秘書官の仕事だ、と小野氏は語る。

総理の専用車の使い方にも細かく口を出した。選挙応援には使ってはならない、多摩川を越えて東京から離れるのはダメだ、と逐一判断していたと明かす。だが、これとは反対に、口が重くなることもあったという。大臣候補者のいわゆる身体検査をゆだねられた時だ。

「まずは週刊誌の記者らに聞いて、ざっとスクリーニングをかけます。で、キナ臭そうだと、内閣情報調査室や警視庁に詳細情報を求めるのですが、なかなか確たるものが出てこないものです。こうなると、困ります。時に総理から、どうなんだ、何かあるのか、とせっつかれることがありましたが、官僚の良心として、根拠を挙げられない事実を口にすることはありませんでした。確証の取れないことで一国の総理の判断を左右させてはならない。永田町を飛び交う政界情報の類いにも深入りしないよう常に警戒を怠らなかった」

そんな小野氏の目には、昨今の警察官僚の政権へのおもねりはどう映っているのか。

「器用すぎるのは問題だ。というか、できてもやるべきではない。何があなたたちの役目なのか、しっかり教えたいと思いますね。嫌われることをぶつけるのが正道であり、うるさいと思われるべきであり、耳に痛いことを言うべきなんです。嫌われても国家に必要なことをするということ、それに尽きます。総理個人に気に入られること、総理個人のために何かすることなどが横行したら、この国が滅びてしまう」

秘書官時代から一貫して変わらぬ原理原則論をもって、小野氏は後輩たちを厳しく指弾した。その胸中には、昔日、抱いた警察権力への畏怖、そこから生じる自重と戒めも去来していたのではなかろうか。

だが、その小野氏も、米同時多発テロ、電撃的な小泉訪朝と拉致被害者の帰国、郵政民営化……と激動の政治シーン、小泉改革のありようを間近に見るうち、政治の道へと踏み入ることを決断する。

2005年に警察庁を辞し、自民党から出馬した。

もっとも、小野節は変わらず、その後、自民党を飛び出てさらなる改革を目指すなど、あくまでも原理原則論を貫いている。そして、現在は動物愛護の観点から凶悪犯罪の芽を摘もうといった独自のアプローチを試みながら、重点を国民の安全、安心な生活に置き、その実現のために日々、活動している。

原理原則――小野氏が貫くこのポリシーも、平沢氏の提言同様、警察官僚がいまこそ真摯に受け止めるべきことである。

たとえ、それが耳に痛いことであろうとも。

暴力団事務所で演説

警視総監を経験した池田克彦氏にも話を聞くことができた。

長い歴史を持つ日本最大の警察組織を束ねてきた現場経験豊富なキャリアだと評されるが、現場重視の姿勢と指揮官としての風格は入庁前から確固としてあったようだ。それを端的に示しているのが入庁の動機だが、これが洒落ている。

「パスカルの言葉に『正義なき力は暴力である。力なき正義は無効である』というものがありますが、正義の力を執行できる役所に行きたいと思ったからです」

パスカルとは、数学者にして物理学者、そのうえ、思想家、哲学者としても活躍した17世紀フランスの天才学者のことだ。かの有名な「パスカルの原理」以外にも、「人間は考える葦である」などの数々の名文句で知られている。

池田氏はその天才学者の言葉を引いたわけだが、当人自身、多芸な才人。

現在は全国の道路・交通情報の収集と提供を行う日本道路交通情報センターの理事長を務めるかたわら、映画、小説、スポーツ、歴史、宗教……と柔らかいものから硬いものまでカバーする膨大な知識の一部をエッセイにまとめ、書籍も数多く著している日本ペンクラブ会員でもある。そうした多面的知識と人としての幅の広さ、余裕のようなものが警視庁をはじめ、配属された警察組織を軒並み活性化させてきたとも言われる。

だが、見落としてはならないのは、聞く者をうならせる含蓄ある言葉に込められたその信念だ。正義の力の執行――すなわち現場への思いは筋金入りだった。

入庁して間もない頃ですら、こんなことがあった。現場視察に行った先の暴力団事務所で組員相手に訓示する羽目になったというのである。

その経緯について池田氏はこう語る。

「かつて（のキャリア入庁者）は、入庁後あっという間に県警の課長になったのですが、私が配属されたのは群馬県警の捜査二課長でした。捜査二課というと、警視庁や大阪府警のような規模の大きいところでは知能犯を専門に担当しますが、群馬のような中規模県では知能犯と暴力犯の両者を受け持ちます。組織犯罪という視点でとらえてのことです。で、着任直後、暴力班担当の課長補佐から仕事内容の説明を受けていた時のこと。課長補佐が『課長、話を聞いているだけではわからないでしょう。一度、暴力団事務所の視察に行きましょう』と言うので、よしと出かけてみたところ、事務所前でばったり組長と会ってしまったのがきっかけでした」

組長が「誰だい？」と言うのには、課長補佐が「県警の捜査二課だ。新しい課長が着任したので視察に来た」と応じたが、すると組長は「へえ、そうかい。それじゃあ、せっかくだから、中に入ったらどうだい」と池田氏に声をかけた。池田氏はやや臆したものの、「じゃあ、入れてもらおうか」と平然を装って事務所内に入った。

が、いざ中に入ると、池田氏は早速あちこちに目をやり、視察モードに入った。一般のオフィスとあまり変わらないなあ、けど、あれは何だ？　公判日？　そうか刑事裁判の対策か……。

そうこうするうちにお茶が出てきて、雑談が始まった。「皆さんのような優秀な若い人が来るから、おれたちも大変だ」などと組長は言っていたが、そんななか、ふと池田氏を見つめ、こう言い出した。「そうだ。今日は若い衆が何人かいるから、課長さんに訓示してもらおう」と。

「ここで引くわけにはいかないと思いました」

と池田氏は言う。

「わかりましたと引き受けて、10人ほどの組員を相手に『人間というものは、汗水流して、世のため、人のために尽くすことが大切だ』というようなことを話したのを覚えています」

当時、弱冠26歳。驚くべき胆力である。

自民党本部侵入事件で「進退伺」

それから数年後。池田氏は警視庁の第七機動隊長になるが、当時は成田空港建設をめぐる反対闘争の最中。左翼過激派らも参加し、警官隊を襲撃するなどの事件が頻発していた。そうしたなか、最大規模の武装闘争が勃発した。1985年10月のことである。

「現場は大乱闘で、まるで市街戦のような状況だったと言います。あいにくうちの隊は参加できませんでした。隊長は最前線で指揮するのですが、そうしたかったですね」

池田氏はしきりと残念がった。

そして、幹部へと昇進し、現場から遠ざかると、今度は現場のために体を張った。

「警視庁の広報課長の時は、誘拐事件の報道では参りましたね。いつも警察庁のほうが先に発表してしまうんです。警視庁の事件にもかかわらず。となれば、警視庁の記者クラブは当然、突き上げてきます。広報課はその窓口ですから、課員も大変で、放ってはおけませんでした」

池田氏はそう言って、1990年当時を述懐した。

「『いったい、どうして警察庁のほうが早いんだ?』と警察庁の広報室に電話を入れました。と、相手は、『警察庁のほうが(担当記者に)ベテランが多い』と言うので、『ふざけるな』と言ってやりました。が、状況は改善しません。そうこうするうちに、刑事部参事官（刑事部長の補佐）から『間もなく犯人が逮捕できる』との連絡が入りました。そこで、私は参事官に頼んだのです。『犯人を逮捕した時の一報は、警察庁に入れず、警視庁だけでやらせてください』と。しかし、『そんなことをして大丈夫か。責任は誰が取る？』と言うのです。だから、『私が全責任を取ります』と押し切りました」

結果、警察庁は後手に回り、騒動となったものの、警視庁記者クラブは納得。現場の揉め事は一気に解消されたという。

こうした腹のくくり方は、この後も要所要所で現れた。最たるものは、１９９２年に発生した自民党本部への侵入事件に際してのものだろう。拳銃を持った男が機動隊の警備のすきを突いて本部に入り込み、自民党旗を焼き払ってしまったのである。この行為に、時の首相・宮沢喜一氏が激怒。対応を迫られた。

直接の責任は自民党本部の警護に当たる機動隊にあったが、それを指揮・監督する警視庁警備部も責任は免れず、この当時、警備第一課長であった池田氏も巻き込まれた。しかし、当人は淡々としたものであった。

「参ったなとは思いましたが、仕方ありません。進退伺を書いて警視総監に持っていきました。責任を取るなら、私でしょうから」

池田氏はそう語るのみであった。

現場主義に徹する「警備のプロ」

こうした潔さ、胆力が幸いしたのか、進退伺は破棄されたどころか、逆に池田氏はその後、重職である千葉県警警務部長に就任。さらに1994年には、翌年、大阪で開催予定のAPEC（アジア太平洋経済協力）会議のために、國松孝次長官から請われ、大阪府警警備部長に抜擢されたのだった。「東京以外では初めてのマルチ国際会議なので、何としても成功させてほしい」と言われ、送り出されたという。

会議はもちろん万事滞りなく成功裏に終わったが、激動の1995年は池田氏にとってはAPECどころではなかったようだ。池田氏が語る。

「あの年はオウム事件があり、そして阪神淡路大震災に見舞われもしました。大阪にはオウムの重要拠点もあり、捜査も気が抜けませんでしたし、被災者対策も急務です。大変な年でした」

兵庫県出身の池田氏には、被災地の真っただ中に安否すら確認しようのない母がいたものの、私事に構っている余裕はなく、次から次へと事態対応に当たっていたという。

甚大な被害を前に、手が足りない兵庫県警には大阪府警はもとより全国の警察官が応援に駆け付けたものの、宿泊所や補給等に困難が生じたため、池田氏は一計を案じ、『兵庫県南部地震支援対策本部』を設置するなどしていたのだ。

「あれは、とても喜ばれましたね」

と池田氏はさらりと言うが、現場派ならではのこうした発想と活躍は政府の目にも留まり、総理大臣表彰を受けたという。

ちなみに、２０１１年に発生した東日本大震災の際にも、池田氏は警視総監の立場でありながらも、真っ先に同様の支援体制を確立している。が、この件についても、

「阪神淡路大震災の経験が生きただけです。捜索や支援活動に当たる警察官たちが学校の体育館で寝てカップラーメンをすすっていると知り、これでは持たないと思いましてね。警視庁のほうで支援対策本部を作って、宿泊所や食事の手当てをしました」

と言うばかりだった。つくづく現場の人である。

警備の職務においても踏んだ場数は多い。ＡＰＥＣの件もそうだが、近年、日本で開催されたサミットは大抵、関わっている。１９８６年の東京サミットの際には機動隊長として、１９９３年の東京サミットは警視庁警備第一課長として、２０００年の沖縄サミットでは警察庁警備課長として、さらに２００８年の洞爺湖サミットの時は警察庁警備局長であった。いうなれば、サミット警備のプロである。

だが、そのことについて尋ねると、こんな話で煙に巻かれてしまった。

「よく覚えているのは、洞爺湖サミットの時でしたかね。開催準備に当たっていた頃、官房

長官から『前回のサミットの担当者に話をよく聞いておくように』と言われたのですが、聞くも何も、私が担当したのですからねぇ。そう答えると、官房長官はびっくりしていました。これも警察の人事の妙でしょうかね」

そんな池田氏に、最近の警察キャリアのあり方について問うと、慎重な口ぶりながら真摯にこう答えた。

「キャリアには現場のほか、制度づくりなど行政の仕事もあります。言うなれば、法の立案とその執行が職務なのですが、このバランスのとり方が難しい。最近、現場を経験する機会が減り、いい具合であったバランスが崩れているように見られ、懸念されます」

現場の人間たれ！　池田氏はそう言っているようだ。

小野氏の言う原理原則論にも通じる職業意識だが、池田氏のほうがより現場色が強い。捜査を行い、正義を実践せよ、そうして世の中を正しく律するのがわれわれの仕事だ、逆に言えば、現場色が薄れる時が危ない、と警告しているのである。池田氏は警察学校の卒業式で、いつも次の言葉を贈っていたという。

「日本で唯一力と正義を所管する警察こそが、世の中を正しく律することができる」

第五章

都道府県警察の罪と罰②

―西日本編（近畿、中国、四国、九州）

この章では、地方警察と警察キャリアのかかわりに話を戻して、府県警ごとにこれまで発生した重大な事件や未解決事件、深刻な不祥事などを取り上げ、そこに本部長として配属されたキャリアがどのように対処し、またその後、どんな道をたどったかなどを引き続き、見ていく。

24 滋賀県警

グリコ森永事件の犯人を取り逃がす歴史的失態

12警察署、2600人体制（＝小規模県警）

大事件があり、またそれにともなう失態などもあって、それらがなお記憶されている県警である。悪質な不祥事もあった。

まずは、1984年3月に発生した「グリコ森永事件」。大阪の製菓会社「江崎グリコ」の社長の誘拐を皮切りに全国の製菓・食品会社などが標的とされ、製品に青酸ソーダなどが混入された一連の企業脅迫事件である。

滋賀県警は、同年11月に発生したハウス食品工業（大阪・現ハウス食品）への脅迫事件の捜査にかかわった。同社幹部宛に送られた脅迫状には、1億円の現金要求があり、受け渡し場所も記されていたが、その場所が次々と変更され、滋賀県警管轄地域にも及んだことから、大阪府警主導の捜査本部より捜査共助を要請された。

ところが、県警は所轄署のパトロールに情報を周知させていなかったため、たまたま犯人と見られる男が乗ったライトバンを見つけながらも、職務質問をする前に取り逃がしてしまう。以降、犯人グループは姿を隠した。絶好の逮捕のチャンスを逸してしまったわけである。それだけに、失態の重責が本部長にのしかかった。

翌1985年8月、本部長は自身の退職の日に公舎庭で焼身自殺をしたのだった。痛ましい悲劇ではあったが、しかし、これが事件を収束へと向かわせた。自殺した本部長への香典代わりとして、犯人側は脅迫を中止したのである。もっとも、一連の事件はすべて未解決のまま2000年2月、時効を迎えた。

それから、2001年9月には、現職警察官が強姦致傷の容疑で京都府警に逮捕される事件が発生している。逮捕されたのは大津署警備課の巡査長。深夜から未明にかけて民家に侵入して女性を襲うという手口で、複数の強姦事件を引き起こしていたことも判明した。

また、全国的に注目された「大津市中2いじめ自殺事件」。2011年10月、大津市の皇子山中学校の2年生男子生徒が自宅マンションから飛び降り自殺する事件が発生した。背景に悪質ないじめや金品被害などがあったことから、両親は自殺直後から年末にかけて3回も県警に被害届を出したが、事件にするのは難しいと受け取りを拒否される。そこで翌年2月、市といじめた生徒らを相手取り、民事事件として提訴。この裁判の模様が同年7月になって新聞等で報じられるに至り、県警はようやく動き始め、暴行、器物損壊、窃盗の容疑で生徒二人を書類送検。残る一人は当時は刑事罰の対象とならない13歳だったことから児童相談所に送致した。

県警の対応の鈍さに対する批判の声は警察庁にも届いた。片桐裕長官もこれを問題視し、「重大事案があれば、警察として積極的に捜査や補導などの措置を講じていかなければならない」と指弾した。

さらに、2018年4月、交番勤務の巡査が上司の巡査部長を銃殺するという未曾有の事件が発生。栗生俊一長官は記者会見で、「法を執行する警察官が、職務上貸与された拳銃を使って同僚警察官を殺害するという事件は過去になく、極めて遺憾」と深謝した。

「大津市中2いじめ自殺事件」の際、本部長であったのは福本茂伸氏。その後、拉致問題対策本部事務局参事官。現職警察官が強姦致傷で逮捕された際の本部長・渡邉晃氏は新潟県警本部長に就任後、急逝した。また、警察官による上司銃殺事件発生時の本部長は鎌田徹郎氏。今後が気になるところだ。

（人口141万人）

25 三重県警

ストーカー被害放置で大惨事を招き、謝罪

不名誉なことで、折々、話題に上る県警である。

すぐに思い出されるのが、2011年12月に発生したストーカー殺人事件だ。事件の概要は千葉県警の項ですでに記したが、事件現場となったのは被害者の実家のある長崎であり、また被害者は千葉在住であった。三重県警が関係したのは、加害者の実家が県内にあったためだ。被害者らは加害者の実家を管轄する桑名署に、脅迫の事実を伝えて実家への巡回を求めたものの、同署は被害者の実家および居住地を管轄している（長崎県警）西海署、（千葉県警）習志野署に確認すると言ったまま放置していた。しかるべき連携が取れていれば、事件は防げた可能性があり、批判の声があがった。県警は翌年3月、千葉、長崎県警とともに連携不足を認めて遺族に謝罪した。

そのほかにも、こんな事件があった。

1998年11月、伊勢市の女性記者が行方不明になる事件が発生し、県警は女性記者が最後に会ったと見られる男の存在をつかんだものの、未解決のまま。北朝鮮による拉致との見方も出たが、事件はいまだ解明されてない。

また、2004年2月には、四日市にあるショッピングセンター・ジャスコ（現イオン）のATMコーナーで女に泥棒扱いされた無実の男性が、店員や買い物客らに取り押さえられたのち、警察官の拘束後に死亡するというおかしな事件が発生。県警は虚偽告訴の容疑で女を追ったものの、立件できなかった。その過程で、現場の監視カメラに映っている画像を公開したことも、物議をかもした。

もっとも、無事に解決した注目の事件もある。

2013年8月、四日市市の中3女子が帰宅途上、行方不明になり、近隣の空き地で遺体となって発見される事件が発生した。県警は現場周辺に設置された防犯カメラの映像を解析するとともに、近隣住民などへの聞き込みを行い、18歳の少年を逮捕したのである。

なお、ストーカー事件当時の本部長であった斉藤実氏は、警察庁長官官房総括審議官などを経て神奈川県警本部長に。

過失は少ないと判断されてのことなのだろうか。

（人口180万人）

26 奈良県警
天下り先の佐川急便に便宜供与、収賄で送検

12警察署、2800人体制（＝小規模県警）

いにしえの律令時代の都を管轄する県警ながら、凶悪事件と不祥事が目立つ。

凶悪な事件について言えば、2004年11月に発生した小1女児の誘拐殺人事件。誘拐後、犯人が「娘はもらった」「次は妹を狙う」などと母親にメールするなど劇場型の事件と

して注目を集めたが、メールの通信記録などから犯人が浮上。行きつけのスナックで被害者の画像を店員や客に見せていたなどの証言も得て、県警は年末に男を逮捕した。

また、２００６年６月には、有名私立進学校に通っていた少年が自宅に放火し、継母と異母弟妹を焼死させた事件が発生している。少年は幼少時から父親に身体的、精神的な虐待を受けていたことが、のちに明らかになった。

記憶になお残る不祥事は、２００１年３月に表面化した県警幹部らの贈収賄事件だ。交通企画課長ら二人の警視が、奈良佐川急便の交通違反もみ消しなどの便宜を図った見返りに、長年にわたって多額の金銭を受け取っていた。県警の内部調査で事実が明らかになり、幹部らは収賄の容疑で書類送検された。

だが、事件はこれに止まらなかった。奈良佐川急便には多数の県警ＯＢが天下っていたからだ。結局、県警ＯＢの同社前社長らは贈賄容疑で書類送検されたのだが、逮捕に踏み切らなかったことが手抜き捜査であると批判を呼んだ。そのため、地検が再捜査に乗り出す事態に発展したものの、事件の全貌を知ると見られた元交通企画課長が焼身自殺してしまった。

書類送検時、田中節夫長官は「警察の上級幹部が長年にわたり根拠のないカネを受け取っており、まことに残念で遺憾だ」と語っていた。

ちなみに、同年６月にも、県警交通部の警部補が奈良佐川急便の運転手の犯罪歴や交通違反歴を不正に照会し、情報を漏洩していたとして書類送検されている。

不祥事はまだある。

2009年2月、天川村の公共工事をめぐる汚職事件で逮捕された村長らに対し、捜査二課の警部と組織犯罪対策第一課の警部補が捜査情報を漏洩していたとして逮捕される事件が発生。金銭授受もあった。この事件では、森田幸典本部長が警察庁長官注意処分を受けている。

さらに、2010年3月には、暴力団対策担当の捜査員が、暴力団組員らから金品を受け取っていたことなどが発覚。そして、2015年6月には、交通違反をもみ消す見返りに現金を受け取ったとして高速隊に所属していた巡査部長が逮捕される事件も発生している。

なお、奈良佐川急便事件の際の本部長であった綿貫茂氏は、警察大学校特別捜査幹部研修所長などを経て中部管区警察局長。また、注意処分を受けた森田氏は、警視庁警務部長、千葉県警本部長などを経て近畿管区警察局長に就任。不祥事はあまり人事に影響しなかったようだ。


（人口135万人）

27 和歌山県警

和歌山カレー事件解決の本部長が高評価、長官に昇進

14警察署、2500人体制（＝小規模県警）

隣県であるせいか、奈良と同じような傾向がみられる。

大事件と言えば、「和歌山カレー事件」である。１９９８年7月、和歌山市の園部地区で行われた夏祭りで、カレーを食べた数十人が腹痛や吐き気などを訴えて病院に搬送され、うち4人が死亡した。

当初、保健所は食中毒によるものとし、また県警は青酸中毒によるものと判断したが、警察庁の科学警察研究所で改めて分析したところ、ヒ素の混入が判明した。県警はこの分析をもとに状況証拠を積み重ね、容疑者として浮上していた林眞須美の逮捕に踏み切った。また、地検はその後、最新鋭のハイテク装置（ＳＰｒｉｎｇ－8）を使った鑑定を実施。検出されたヒ素と林宅にあったものとが一致することを確認したのである。

この事件を指揮したのは米田壯本部長。難事件を解決したことが評価され、その後、警視庁刑事部長、警察庁刑事局長を歴任。長官まで上り詰めた。京都で発生した王将事件の際には、「捜査の徹底を」と幹部を更迭したが、その原点がここにあると言われている。

世間の耳目を集めた事件は、２０１6年8月にも発生している。和歌山市の土木建設会社の従業員4人が銃撃された事件だ。銃撃したのは、当日、覚醒剤取締法違反の罪で収監予定であった同社経営者の次男。事件後、次男が近隣のアパートに立てこもり、周囲に威嚇射撃した。さらに、それがテレビ中継され、大騒動となった。次男はその後、拳銃自殺した。

主だった不祥事は次の通りである。

・２００３年１月、県警ＯＢである前和歌山市長が、市の文化施設の用地買収をめぐって建設会社社長に便宜を図った見返りに数百万円を受け取ったとして、収賄容疑で逮捕された。
・２０１１年７月、機動隊副隊長の警部が和歌山市内の公園で突然、背後から中３の少女を襲い、胸を触るなどの猥褻行為をしたことが発覚。警部は任意の事情聴取のさなか、自殺。
・２０１２年８月、警察本部の科学捜査研究所の職員が鑑定書を捏造していたことが発覚。この職員は「和歌山カレー事件」にもかかわっていたため、物議をかもした。
・２０１４年１月、山口組系暴力団組長に別の暴力団組員の傷害事件の捜査情報を漏らしたとして警部補を書類送検。また、暴力団関係者から飲食の提供を受けたなどとして刑事部参事官の警視、機動捜査隊長の警視を懲戒処分にした。
なお、２０１２年８月から２０１４年３月まで本部長を務めた植田秀人氏は警視監に昇進し、その後、警察庁長官官房サイバーセキュリティ・情報化審議官に就任。（人口95万人）

28 京都府警
いまだ未解決「餃子の王将」社長殺人事件の混迷

由緒ある神社仏閣のほか京都御所などもある一方、同和問題や在日朝鮮人にかかわる問題など複雑な事情も抱えている京都。また日本海に面する舞鶴には自衛隊の基地もある。治安維持や国防上の観点からも重要視される地域を管轄する警察組織だけに、そのトップの任は重く、その後、警察庁長官、警視総監など要職に就いている者が多い。

重要な事件も数多く手がけている。まず思い浮かぶのは、京都をはじめ大阪、兵庫、奈良の4府県で発生した遺産・保険金目当ての6人連続殺人事件だ。府警は、2014年11月、向日市で発生した青酸化合物による男性の毒殺事件で妻の筧《かけひ》千佐子を逮捕したことによって、事件の突破口を開いた。

取り調べの過程では、筧の結婚相手や内縁関係にあった者が次々と亡くなっていることが判明。複数の高齢男性と交際・結婚を繰り返し、遺産など総額約8億円を相続していたことなども明らかになった。これを受け、その後、4府県による合同捜査本部が設けられ、事件の全容解明にあたることになった。

また、2017年2月には名門の京都府立医大にも捜査の手を伸ばしている。暴力団組長が刑務所収容を免れられるよう虚偽の診断書を作成したとして、京都府立医科大付属病院の前病院長と男性担当医を虚偽有印公文書作成・同行使容疑で書類送検したのである。

もっとも、重大な未解決事件もある。たとえば、2008年5月に舞鶴市で発生した高1

女子殺人事件。発生当初、府警は交友関係を調べれば犯人に結びつくと、楽観的な見方を示していたが、捜査は難航した。

そんななか、女子高生と一緒に歩いていた男性の存在が浮上。犯行現場付近の複数の防犯カメラに記録が残っていた。府警が聞き込みを続けると、現場近くに居住する男性であることがわかった。また、この男性には、強制猥褻や傷害、さらには殺人事件まで起こしていた過去があることも判明した。府警は男性の逮捕に踏み切ったが、裁判では最終的に無罪。いまなお、事件は解決していない。

ちなみに、この事件の7年ほど前にも舞鶴市内で高3の女子高生が殺害される事件が起こっているが、こちらも未解決のままである。

それから、日本を震撼させた銃撃事件。

2013年12月、「餃子の王将」を展開する王将フードサービス（京都市山科区）の大東隆行社長が本社前駐車場で射殺されたのである。現場からは薬莢や煙草の吸殻が押収され、また遅々とした進捗ながらも、その後の捜査により実行犯が使用したと見られるバイクや車も特定された。さまざまな犯人像が取り沙汰されるなか、事件は解決に向かうかに見えたが、いまだに犯人検挙には至っていない。

気になる不祥事も目に付く。とくに2012年は相次いだ。

同年1月、警備第一課の警部補が、男性の裸画像などを載せたブログを開設し、約750

万円にも及ぶ広告収入を得ていたことが発覚。また、4月には、京都市祇園で軽ワゴン車が暴走し、歩行者7人が死亡した事故が発生した当夜、安森智司本部長、山形克己交通部長ら府警幹部が署長会議後に開かれた懇親会で飲酒していたことが発覚している。

なお、安森氏はその後、九州管区警察局長に就任した。王将事件で米田壯長官に「カレー事件でつくづく身に沁みたが、あんな手緩さじゃダメ」と言われ、更迭された安田貴彦氏は警察大学校長を経てすでに警察庁を辞職している。

29 大阪府警

（人口260万人）

本部長は「本庁局長級」の重要ポスト

65警察署、2万3000人体制（＝大規模県警）

先に触れた「グリコ森永事件」や「6人連続殺人事件」、また尼崎を中心に発生した「連続殺人事件」（詳しくは後述）など数々の大事件を手がけてきた陣容の厚い大規模警察組織である。

「グリコ森永事件」こそ未解決ではあったが、「6人連続殺人事件」では京都府警とともに事件を解明し、また尼崎の事件では先鞭をつけ、摘発への道を開いてもいる。

ところが、そうした事件よりも、とんでもない不祥事が落とす影のほうがはるかに目立っている。まずは、現職警察官による殺人事件。２０１５年１月、阿倍野署の巡査長が不倫のもつれから交際相手を殺害したことが発覚した。

また、集団強姦事件もあった。同年９月のことだ。大阪市内のホテルで女性を監禁し、集団で性的暴行を加えたとして、府警巡査部長と元府警警察官が逮捕された。

２０１２年８月には、海水浴場で知り合った少女に酒を飲ませて乱暴したとして準強姦容疑で布施署の巡査長が逮捕されてもいる。

そのほか、以下のようなものが発覚している。

・１９８２年11月、ポーカーゲーム機などを用いた賭博店に捜査情報を漏らし、見返りに現金を受け取っていたとして、府警は現職３人、ＯＢ２人を逮捕し、警察官１２０人余りを懲戒処分とした。府警内に汚職が広く浸透していたことが明らかになった。汚職が行われていた当時、本部長だった杉原正警察大学校長は遺書を残し、自殺した。

・２００７年５月、枚方市の清掃工場建設工事をめぐる談合事件にかかわったとして、大阪地検特捜部が捜査二課の警部補を逮捕。府警本部の家宅捜索にも踏み切った。

・２０１６年６月、府警内全65署のうち61署で１９７５年から２０１２年までに発生した事件のうち、捜査資料を放置したため時効になった事件が２２７０件あったと府警が公表。殺人事件10件のほか、強姦、強盗、殺人未遂事件なども含まれている。羽曳野署の機械室で段ボール箱に入った古い捜査関係資料が見つかったことなどから発覚した。

なお、本部長経験者からは長官、警視総監が複数出ているが、地検特捜部に捜索を受けた当時の本部長・近石康宏氏と、不倫殺人、集団強姦事件の際に本部長であった樋口眞人氏はそのまま退職している。

もっとも、大阪府警は近畿管区警察局の管轄下にありながら、そのトップである本部長は管区警察局長よりも上位の警察庁本庁局長級ポストとされており、警視総監と同じく別格であるため、昇進や転属せずに退職してもおかしくはない。

（人口883万人）

30 兵庫県警

山口組分裂騒動に伴う事件多発

49警察署、1万2200人体制（＝大規模県警）

県庁所在地の神戸の洗練されたイメージとは裏腹に、管轄区域内に日本最大の暴力団・山口組の本部があることなどもあり、暴力団対策に力を入れている全国有数の大規模警察本部である。科学捜査では全国で唯一、大型放射光施設「SPring－8」を用いた鑑定を行っており、全国から依頼を受け付けている。結果的に未解決となってしまった長官狙撃事件の捜査でも、銃弾の残渣《ざんさ》を検出するなど威力を発揮した。

犯罪件数は多く、1997年8月に発生した山口組ナンバー2・宅見勝宅見組組長射殺事件を筆頭に、暴力団による凶悪犯罪が多発。最近も山口組分裂騒動に関連した事件が世間の耳目を集めている。これらに加え、記憶に残る大事件や失態、不祥事も少なくない。以下が主な事件とその概略である。

・1997年5月、未曾有の猟奇的少年犯罪事件が発生。いわゆる「神戸連続児童殺傷事件」である。4人の児童をハンマーで殴打したり、ナイフで刺したりして殺傷し、5人目は絞殺後、首を切り落として神戸市須磨区の中学校正門に放置。その口には「酒鬼薔薇聖斗」と名乗った犯人からの犯行声明文が挟まれていた。県警は、地道な聞き込みや裏付け捜査によって14歳の少年を特定し、同年6月末に逮捕した。

・2000年3月、神戸市内のテレホンクラブ「リンリンハウス」で凄惨な放火殺人事件が発生。関係者の立ち回り先などを押さえて、全員逮捕。

・2001年7月、明石花火大会にて雑踏対策の不備により歩道橋事故が発生。11人が死亡、約250人の重軽傷者が出た。県警の警備体制の不備などが問われた。

・2002年3月、警察官のずさんな対応が原因となり、大学院生が暴力団員らに殺害されてしまう事件が神戸市内で発生。大学院生が友人と一緒にいたところ、暴力団員らに暴行を受け、車に監禁されてしまったのが事件の始まりだった。大学院生は警察へ通報。警察官が駆け付けたものの、現場状況の把握や事情聴取が十分でなく、友人が血だらけになりながらも車から飛び出し、警察官に助けを求めたにもかかわらず、大学院生を車内に放置。暴力団員らは大学院生を乗せたままその場を立ち去り、その後、殺害してしまったのである。

・２０１１年11月、尼崎市を中心に６府県で数世帯の家族を長期間虐待、監禁した挙げ句、10人以上を虐殺した凶悪な連続殺人事件が発覚した。被害者のひとりが大阪府警に駆け込み、そこから兵庫県警に捜査要請が入ったことがその端緒となった。

これに先立つ13年余りもの間、事件の現場の一つとなった香川県警の怠慢同様、兵庫県警も相談や通報を計13回も受け、うち９回は暴行や監禁の事実を伝えたにもかかわらず、対応していなかったことがのちに判明した。捜査の遅れが悲劇を生んだとの批判が湧き上がり、県警は「不十分で不適切な対応だった」として遺族らに謝罪したが、職務怠慢はなかったとして、警察官らの処分は見送った。その後、事件の主犯・角田美代子被告が県警本部内の留置場で自殺するという後味の悪い事件でもあった。

花火事故発生当時の本部長・谷直樹氏はその後、四国管区警察局長に就任。一方、尼崎の連続殺人事件にかかわり、謝罪もした本部長の塩川実喜夫氏は警察庁長官官房審議官を経て内閣官房内閣衛星情報センター次長。その後、チュニジア大使に転出している。

（人口５５０万人）

31 鳥取県警

準キャリアの本部長就任も多い人口最少県

9警察署、1400人体制（＝小規模県警）

鳥取砂丘など自然に恵まれた人口最少の県を管轄している。山陰の豪雪地帯で、家族的なつながりが生かされている土地柄からか、ほかの都道府県警と比べて不祥事が少なく、捜査の実績もなかなかのものである。

近年の事例を挙げれば、東京など首都圏を中心に発生した連続不審死事件の木嶋佳苗死刑囚、京都をはじめ関西圏で発生した連続殺人事件の筧千佐子被告と並んで記憶に残る上田美由紀死刑囚による事件。周囲では2004年から2009年にかけて6人の男性が死亡していた。死亡した男性のなかには、県警の警察官までおり、死亡当時、自殺事案として片づけてしまっていたことがのちに非難されはしたものの、2009年11月、詐欺事件を端緒に睡眠薬などを用いた連続殺人であることを地道な捜査で解明し、立件した。

また、時間は前後するが、2006年8月、富山県で2002年3月、5月に発生した少女への強姦未遂、強姦事件の真犯人を逮捕。前述したように、悪質な冤罪事件の真相を露見させるきっかけを作っている。

最近では、２０１７年10月の大相撲の鳥取場所の際、モンゴル出身力士らが出席した市内の飲食店での酒席で、横綱・日馬富士が平幕の貴ノ岩に暴行し負傷させた事件で、被害届を受理。横綱を書類送検した。

なお、２００９年当時の本部長は佐藤幸一郎氏。日大法学部を卒業後、１９７０年に警視庁に入庁し、山梨県警警備部長、石川県警警務部長などを務めたいわゆる準キャリア。歴代の本部長は準キャリアが多いが、現在官界の頂点に立つ杉田官房副長官はかつて鳥取県警の本部長を務めていた。（人口57万人）

32　岡山県警

児童、老人を被害者とする未解決事件が続出

22警察署、３９００人体制（＝大規模県警）

瀬戸内に面した平穏な地域を管轄する県警とはいえ、さまざまな事件が起こる。それに対応するべく大規模警察としての体制を組んでいるが、捜査の手が及ばないこともままあるようだ。

２０１１年9月に岡山市内で発生したＯＬバラバラ殺人事件では、捜索願を受けた県警が防犯カメラなどの解析から容疑者として元同僚をほどなく割り出し、逮捕したが、児童や老

人が被害者と見られる未解決事件が目立っている。

・1995年4月、倉敷市で凄惨な放火殺人事件が発生。刺殺された老夫妻は首を切断されており、頭部が持ち去られていた。

・2000年10月、岡山市内の8歳の男児が行方不明。

・2001年10月、上房郡賀陽町（現加賀郡吉備中央町）で幼児が行方不明。

・2004年9月、津山市内で小3少女が自宅で殺害される事件が発生。発見者は姉。

いずれも、いまだ捜査中である。

一方、最近発生したばかりの全国的に注目を集めた事件もある。

山口組の分裂後、独立した神戸山口組側との関連事件が相次ぐなか、2016年5月、岡山市内に事務所を置く神戸山口組系池田組幹部が自宅のマンション駐車場で射殺された。事件から数日後、捜査が緒に就いたばかりの段階で、山口組の中核団体である弘道会系高山組組員が出頭。事件はスピード解決したが、いまだ県内で分裂騒動による抗争発生の可能性があるため、警戒態勢を敷いている。

この関連では、暴力団と県警の癒着が表面化した不祥事にも触れておきたい。

2012年4月、県警本部の警部補が知り合いの暴力団員に指示して、意に沿わない部下の女性警察官の私用車を破損させたとして、器物損壊容疑で逮捕された。その後、暴力団員の仲介によって、交通トラブルを処理する見返りと称して現金を騙し取っていたことも発覚。詐欺容疑で再逮捕された。

なお、行方不明事件が続いた2000年から2001年にかけて本部長であった福田博氏は公安調査庁調査第一部長を経て中国管区警察局長。

（人口191万人）

33 島根県警
拉致、密輸など北朝鮮がらみの事件捜査に奮闘

12警察署、1500人体制（＝小規模県警）

日本創生神話の地・出雲国を管轄する県警ながら、穏やかならぬ事件がまま起こっている。

たとえば、いまだ解決されぬ拉致事件。

米子市の松本京子さんは、1977年10月、「編み物教室に行く」と言って出かけたまま消息を絶った。公安警察の調べで、事件の4日前に北朝鮮の工作船とみられる不審船が島根県・浜田港沖を航行していたことがわかった。松本さんは二人組の男に拉致され、連れ去られたと見られている。

北朝鮮関連では、密輸も多発している。2010年7月、北朝鮮への輸出が禁じられている贅沢品を不正に輸出したとして、県警は外為法違反容疑で境港市の古物販売業者を逮捕。

また、２０１２年4月にもベンツなどの高級車を不正輸出したとして、境港市の自動車販売会社社長らを逮捕している。そして、２０１５年5月には、北朝鮮への経済制裁の一環として政府が輸入を禁じているマツタケを不正に輸入したとして、京都府警、神奈川、山口県警と合同して、在日本朝鮮人総連合会（朝鮮総連）トップの許宗萬議長の次男である許政道容疑者らの逮捕に踏み切った。

一方、記憶に残る凄惨な事件も発生している。２００９年11月、島根県立大の女子大生が殺害され、遺体がバラバラにされて遺棄されているのが発見された。翌２０１０年1月、安藤隆春長官が犠牲になった女子大生の遺影に黙禱《もくとう》を捧げ、早期解決を誓ったものの、捜査は難航。過去に性犯罪歴のある人物を洗い直し、２０１６年に入ってようやく被疑者が浮上した。が、事件直後、山口県内の高速道路で事故死していたことが判明。被疑者死亡のまま書類送検している。

なお、女子大生殺害事件当時の本部長・大橋亘氏は皇宮警察本部副本部長を最後に退官。

（人口68万人）

34 広島県警

岩国基地の米兵事件、自衛官の事件も

28警察署、5600人体制（＝大規模県警）

原爆被災地にして政令指定都市である広島市を中心とした地域を管轄。管内には呉市、江田島市に自衛隊施設があることに加え、隣接地域には米軍の岩国基地もある。

こうした地域性が影を落とす事件が起きている。

象徴的なのは、２００７年10月、広島市内で発生した米海兵隊岩国基地所属の兵士４人による集団暴行事件である。兵士らはパーティー会場で知り合った19歳の女性を暴行したうえ、金銭を強奪。県警は当初、米兵の逮捕・立件に動いたものの、その後、なぜか任意捜査に切り替え、最終的には不起訴としてしまった。

自衛官の犯罪も数多い。窃盗、傷害、飲酒運転……。もちろん、女性絡みの犯罪もある。米兵事件と同じような事件も最近、発生している。

２０１５年2月、県警は陸上自衛隊の三等陸曹二人を、合コンで知り合った女子大生をホテルに連れ込み乱暴したうえ、現金を盗んだとして集団準強姦致傷などの疑いで逮捕した。

他方、記憶に残る事件がいくつかある。

１９７０年5月、広島市の宇品港で銃器を所持した男によるシージャック事件が発生した。県警は警備艇、ヘリコプターなどを動員して、乗っ取られた客船を追跡。男が接近する船に発砲を繰り返すなか、大阪府警から派遣された警察官が男を狙撃し、人質を救出した。

また、２０１０年6月には、マツダ本社工場に元期間従業員であった男がワゴン車で侵入し、従業員らを次々とはね飛ばす事件が発生している。12人が被害に遭い、一人が死亡。最近、話題を呼んだ不祥事もあった。

２０１７年5月、広島中央署の会計課の金庫から、詐欺事件の証拠品として保管されていた現金約８５００万円が盗まれていたことが発覚。事件に対し、坂口正芳長官は「警察施設内でこのような盗難事件が発生したことは誠に遺憾」と発言している。

そのほか気になるのは、未解決の殺人事件が複数あることだ。

ちなみに、２００７年当時の本部長であった飯島久司氏はのちに関東管区警察局長。

（人口２８３万人）

35 山口県警

なぜか処分が見送られた米軍関係者への猟銃不法譲渡

16警察署、３５００人体制（＝中規模県警）

明治維新を主導した長州藩を継承する地域を管轄している由緒ある県警ではあるが、愕然とするような事件が目立って多い。

まず思い出されるのは１９５４年10月に大内村仁保（現山口市仁保下郷）で発生した豪農一家６人の殺人冤罪事件。全員が頭部を鍬で割られ、頸動脈を切られ、心臓を刺されるという凄まじい状況で殺害されていた。県警は深い怨恨があるとして、隣家の主人を逮捕したものの、証拠不十分で釈放。その後、容疑者リストを洗い直し、消去法で在阪の男の逮捕に踏みきり、自白を強要した。裁判は長期にわたり、１９７２年12月になって、ようやく無罪判決が下された。

１９９９年4月に発生した猟奇的な母子殺人事件も忘れ難い。18歳の少年が光市のアパートに強姦目的で押し入り、女性を殺害のうえ、屍姦。傍らにいた乳児も殺害し、押し入れに遺棄した事件だが、公判の過程で「押し入れに入れたのはドラえもんに助けてもらおうと思ったから」「死後に姦淫をしたのは小説『魔界転生』に復活の儀式と書いてあったから（注・小説にはそういった記述は見られない）」などと奇想天外な主張をしたことで、さらに物議をかもした。最終的に死刑判決が確定したものの、現在再審請求を繰り返している。

２０１３年7月にも禍々《まがまが》しい連続殺人・放火事件が発生している。周南市で2軒の家が放火され、焼け跡から3人の遺体が見つかり、続いて近隣でさらに2人の遺体が発見されたのである。捜査を開始した県警は、「つけびして　煙り喜ぶ　田舎者」と白い紙に毛筆のようなもので川柳が記された張り紙がある隣家を発見。家宅捜索を行い、すでに姿を消していた居住者の行方を追って付近の山中を捜索し、身柄を押さえ、逮捕したのだった。

そのほか気になるのは、米兵絡みの事件だ。

２００７年2月、県警が銃刀法で定められた所持許可を受けていない米軍関係者に対する猟銃の譲渡を認めていたことが発覚。２００１年から２００６年にかけて基地外へ持ち出さないことなどを条件に、米海兵隊岩国基地所属の兵士や軍属ら４人に猟銃11丁を譲渡する手続きを受理していた。法令違反の疑いがあったものの、担当の警察官を含め、関係者の処分はなぜか見送られた。広島県警の事件同様、米兵の特別扱いに疑問の声が上がった。

ちなみに、この時の本部長であった石田倫敏氏はのちに九州管区警察局長に就任している。

（人口１３８万人）

36 香川県警

警視総監、内閣情報官を輩出した「出世県」

12警察署、２１００人体制（＝小規模県警）

怠慢であるとして厳しい視線が向けられていると同時に、捜査力も問われている県警だ。

象徴的であったのは、２０１１年11月に発覚した連続殺人事件。主犯らは長期間にわたって尼崎を中心に数世帯の家族を虐待、監禁した挙げ句、10人以上を虐殺していたのだが、その間、警察はまったく取り合わなかった。事件発覚後、大問題となったのは前述したが、兵庫県警同様、香川県警に対しても厳しい目が向けられた。というのも、香川県在住の一家が２００３年2月から２００６年4月にかけて36回も相談や通報を行っていたにもかかわらず放置され、身内のひとりが殺害されてしまったからだ。連絡が入った時点で真摯に対応していたなら、ほかの事件も防げた可能性があった。

２０１３年４月、県警は「対応には不適切な点があった」とする調査結果を公表するとともに、一家に謝罪した。

重大事件でありながら、未解決のものも多い。とくに気になるのは次のような事件だ。

・１９９８年２月、坂出市の四国電力の送電鉄塔が倒壊し、停電等が引き起こされた事件が発生。当初、県警は自然災害によるものと安閑と構えていたが、現場検証の結果、鉄塔の台座部分のボルトの大半が抜き取られていたことが判明。捜査に乗り出したものの、未解決のまま時効を迎えた。

・２００３年５月、高松市の香川県防災行政無線青峰中継局のボルトが抜き取られる事件が発生。差出人不明の犯行声明文から発覚したのだが、前の事件同様、未解決のまま時効。

なお、県警が連続殺人事件を放置していた間の本部長は３人。最初の植松信一氏は大阪府警本部長を経て内閣情報官。次の岩瀬充明氏は副総監を経て生活安全局長。最後の沖田芳樹氏は警備局長を経て警視総監。

それぞれ、事件は影響していないようだ。

（人口97万人）

37 徳島県警

大阪府警に家宅捜索された面子丸つぶれの県警

13警察署、1800人体制（＝小規模県警）

大鳴門橋で淡路島を経由し、本州とつながる地域を管轄する県警。隣接の香川県警同様、さまざまな形で広域捜査に悩まされることがあるのか、ミスに近い事件や不祥事が見受けられる。

２００１年４月、徳島市と近隣の淡路島で連続して発生した放火殺人事件がそのひとつだ。徳島市で資産家の父親が、淡路島でその息子が殺害され、父親宅から数千万円の入った預金通帳がなくなっていた。県警の捜査で父子と接点のある男が容疑者として浮上したが、逃走。２０１２年10月、岡山市で病死後、埋葬の際の身元確認から容疑者と判明するまで消息がつかめなかった。近県ながら、捜査の手が及ばなかった形だ。

一方、こんな呆れた不祥事が発生している。

２０１２年５月、小松島署の男性巡査部長が警察手帳を偽造して、大阪市在住の少年など警察マニアに販売していたとして、有印公文書偽造容疑で大阪府警に逮捕された。捜査の過程では、大阪府警が小松島署を家宅捜索した。大阪に出やすい地域であることが災いしたわけだが、県警の面子は丸つぶれである。

もっとも、東京の情報は届きやすかったのか、次のような事件を立件している。

２０１５年９月、麻雀店の客にプロ野球の勝利チームなどを予想する賭博をさせたとして、県警は山口組系組長ら３人を逮捕した。この直後、巨人軍の選手による野球賭博事件が発覚した。

大阪府警による警察官摘発当時の本部長は吉岡健一郎氏。警備局外事情報部外事課長を経て財務省に出向後、長官官房付。今後の動向が気になるところだ。（74万人）

38 愛媛県警

裏金、性的暴行など古い体質の不祥事がいまなお

16警察署、２８００人体制（＝小規模県警）

松山城や道後温泉などで知られる穏やかな地域を管轄する県警ながら、管内には原発施設もあり、テロを想定した訓練を行うなど最新の捜査・警備体制を敷いているかに見える。だが、一皮むくと不祥事が多く、体質の古い組織であることがわかる。主なものを挙げておこう。
・１９９８年10月、宇和島市内の民家から貯金通帳などが盗まれる事件が発生した。県警は

被害者宅に荒らされた様子がないことから親しい人物の犯行と見て、被害者宅に自由に出入りできた男性を逮捕。ところが、自白が強要されたものであったため、男性は裁判で否認。そうこうする間に、高知県で逮捕された窃盗犯が犯行を自供。男性の冤罪が証明された。これに対し、県警は捜査に違法性はなかったと強弁した。

・2005年1月、県警の裏金問題を告発した鉄道警察隊の仙波敏郎巡査部長が、告発が原因で左遷されたとして県人事委員会に不服申し立てを行うとともに、県警本部長らを相手取り、国家賠償請求訴訟を起こした。申し立ては認められ、裁判も勝訴したものの、その後、退職警察官の親睦組織である「警友会」に入会を拒まれるなど、禍根を残した。

・2009年1月、県警の女性職員が2003年1月以降、巡査部長から繰り返し性的暴行を受けたとして損害賠償を求める訴訟を松山地裁に起こした。最終的に敗訴となったが、提訴に至ったこと自体、県警の体質に大きな問題があったことの証左と問題視された。

・2009年6月、松山南警察署の盗犯係の巡査部長が岡山市で老齢の女性から財布をひったくり、地元の高校生二人に取り押さえられ、岡山中央警察署に逮捕された。

・2014年1月、松山市職員などから金銭を脅し取ろうとしたとして恐喝未遂の罪で起訴された元警察官の元松山市議会議員に対し、県警本部の警部が犯罪歴などの個人情報を漏らしたとして地方公務員法違反の疑いで書類送検された。

取り締まられるべきはどちらなのか、と考え込まされてしまうような惨状だが、不祥事が連続した2009年は人事異動の年であったため本部長は二人で、先任の廣田耕一氏は警視庁交通部長などを経て警察大学校特別捜査幹部研修所長。後任の牛嶋正人氏は警察庁外事課長などを経て皇宮警察本部長。また、国家賠償請求訴訟で提訴も受けた粟野友介氏は警察大学校取調べ技術総合研究・研修センター所長。

（136万人）

39 高知県警

新人警察官82人中24人が退職した職場

12警察署、1900人体制（＝小規模県警）

雄大な太平洋に面する地域を管轄している県警であり、海岸線が長いことから覚醒剤などの密輸事件が多く、それに対して摘発実績も上げているのだが、その一方で隣の愛媛県警同様、旧態依然とした警察だとの悪評がつきまとっている。

猥褻事件、セクハラ、不倫、ストーカー行為、さらには傷害事件に窃盗、飲酒運転にひき逃げ……と不祥事に事欠かない。そればかりか、捜査費の不正使用——いわゆる裏金も横行しており、2006年にそれが暴かれてもいる。

同年2月、高知県監査委員は2000年度から2004年度までの県警捜査費を対象にした特別監査の結果報告書を提出。報告書では、聞き取り調査に対し「上司から（虚偽の）領収書の作成を命じられ、電話帳で適当に名前を拾った」「私的な飲食を捜査協力者への接待に装った」などと告発した捜査員の証言を列挙したうえ、これらの証言と県警が開示した文書を照合し、矛盾点や不自然な支出状況を暴き出し、「県民の信頼を裏切るもので極めて遺憾」と県警を厳しく批判した。

これを受けて、警察庁と高知県警は元県警本部長の恵良道信・中部管区警察局長、前県警本部長の黒木慶英警察大学校警備教養部長らを筆頭に、100人以上の処分を発表した。県議会総務委員会で鈴木基久本部長は「県民の信頼回復に向け、反省すべきことは反省し、襟を正していきたい」と謝罪した。

ところが、襟が正されることはその後もなかったのか、旧弊を嫌う新人警察官が警察学校在籍中に大量に退職していた。なかでも2012年度に採用された82人は、その3割近くの24人が退職。しかも、その事実が明らかになった直後、警察学校内での不祥事が公になった。

2013年8月、高知県警察学校で教官を務める警部補が入校中の女性警察官に体を触るなどのセクハラ行為を繰り返していたことが発覚。警部補は2011年4月から警備部門の教官を務めていた。

ところで、裏金問題で処分を受けた黒木氏は千葉県警本部長を経て関東管区警察局長。一方、鈴木基久氏は警察庁交通局長に就任した。

（人口71万人）

40 福岡県警 「特定危険指定暴力団」の壊滅作戦に着手

35警察署、1万1500人体制（＝大規模県警）

五大都市のひとつである福岡市を管轄している県警だけに、記憶に残る大事件が少なくない。2002年3月に北九州で発覚した「連続監禁大量虐殺事件」（拷問と虐待、マインドコントロール下での殺人など、凄惨な犯行実態が世間を震撼させた事件）、2003年6月の「福岡一家4人殺害事件」（元専門学校生ら中国人3人による強盗殺人。当初、親族が犯人視された）、2004年7月に発覚した福岡・中洲のスナックママによる「連続保険金殺人事件」（保険金目的で結婚した夫を相次いで殺害した事件）……。

大都市に付き物のいかがわしい事件も目立つ。もちろん、警察官自身の汚職も例外ではない。記憶に鮮明な事件のひとつが中洲のカジノバーをめぐる腐臭芬々《ふんぷん》たる汚職事件だ。

2001年12月、現職警察官がカジノバーに捜査情報を漏洩し、見返りに金品を受け取ったとして県警は捜査を開始。翌2002年5月までに4人を逮捕した。ところが、これはトカゲの尻尾切りに過ぎなかった。この摘発に先立ち、1996年2月から6月にかけて3通の内部告発書が別の警察官から県警に提出されており、それによれば、博多署幹部や県警本部の警視などの関与も指摘されていたのだ。県警は２００２年8月になってようやくこの件に着手し、関係者8人を処分。柳沢昊《ただし》本部長ら県警幹部も監督責任を問われたが、刑事事件として立件はしなかった。２００３年11月には、この件が国会でも取りあげられている。

また、２００４年4月、県警は裏金問題を認めて陳謝。

さらに、２００８年5月、無店舗型性風俗店を経営し、少女に売春させていたとして、戸畑署の巡査部長が売春防止法違反、児童福祉法違反容疑で逮捕される不祥事も発生。

２０１７年6月には、警察官による殺人事件も起こっている。小郡市に住む通信指令課巡査部長の自宅で妻と子供二人が遺体で見つかる事件が発生した。当初、県警は無理心中と見ていたが、司法解剖の結果、窒息死であると判明。争った形跡もあり、妻の爪からは皮膚片など微物も検出された。ＤＮＡ鑑定を行ったところ、巡査部長のものと一致。逮捕に至った。

他方、汚名を返上するような動きも見られる。

２０１４年9月、指定暴力団のなかでも特に凶悪と見なされる組織として「特定危険指定暴力団」に指定された工藤会の壊滅作戦に着手。１９９８年2月に発生した漁協の元組合長射殺事件に関与したとして野村悟総裁と田上不美夫会長の逮捕に踏み切った。

また、同年10月には、２０１３年1月に看護師の女性が刺された事件に組織的に関与したとして、野村総裁と田上会長を再逮捕。同時に菊地敬吾理事長も新たに逮捕し、組織のトップ3を拘束した。壊滅作戦はその後も続けられ、２０１６年9月には、組員２００人が勾留ないし服役中の状態となった。離脱者も多く、組織の弱体化が進んだ。
ところで、「カジノバー汚職事件」で監督責任が問われた柳沢昊氏は本部長離任後、そのまま辞職している。一方、裏金問題時の広畑史朗氏はその後、近畿管区警察局長に就任。

（人口５１０万人）

41 佐賀県警

交通事故数「過小申告」の背景に本部長の叱責

10警察署、1900人体制（＝小規模県警）

伊万里・有田など陶磁器の産地として文化的に名高い地域を管轄している県警だが、捜査ミスと不祥事が目立つと評されている。根拠とされているのは、次のような事件である。
・１９７５年8月から１９８９年1月にかけて北方町などで7人の女性が相次いで絞殺される事件が発生したが、県警はお手上げ状態だった。しかも、別件で拘置されていた男性に翻弄された。
１９８９年11月、男性は任意の取り調べで犯行を認めて上申書を書いたが、すぐに否認。県警は裏付け捜査を行ったものの、確たる証拠は得られなかった。

２００２年６月、事件の時効直前になって男性の逮捕に踏み切ったのだった。が、物証が乏しく、上申書も証拠能力に欠けたため、裁判では無罪となった。
・２０００年２月、県警発注の信号機関連工事の価格を業者側に教えるなどした見返りに、飲食代など三十数万円を業者側に肩代わりさせたとして、元県警交通規制課長補佐を収賄の容疑で逮捕。ほかに接待を受けていた元課長ら10人も同容疑で書類送検した。だが、ここに至るまでの過程が隠蔽づくしであったことが問題視された。県警はまず１９９８年11月、課長補佐を諭旨免職とし、元本部長らも処分しながらも、立件はせず処分も公表しなかった。さらに、翌１９９９年11月、処分についてはようやく公表したものの、なお立件は見送っていたのである。全国的に相次ぐ不祥事のなかの歯切れの悪い事件化だった。
・２００８年３月、知人の強盗計画を通報し、おとり捜査に協力した男性が、共犯者として逮捕され、実名報道されたとして賠償を求めて県を提訴。県は敗訴した。
・２０１１年１月、交通人身事故の発生件数を２００９年２月から１年半にわたって改竄し、過小報告していたことが発覚。背景に、当時本部長であった伊藤智中部管区警察局総務監察部長の部下への厳しい叱責があったことも明らかになった。関係した県警幹部５人は本部長注意、伊藤氏は警察庁長官注意を受けた。
さて、その伊藤氏だが、警察大学校生活安全教養部長を経て関東管区警察学校長となっている。

（人口82万人）

42 長崎県警

長崎市長を狙った2件の銃撃事件

23警察署、3500人体制（＝中規模県警）

原爆被害の地であり、平和を希求する地域を管轄する県警。ところが、そんな地域柄とは裏腹に、血なまぐさい凶悪事件が多発している。しかも、全国的に注目を集めた事件が少なくない。また、失態と非難された事件もある。主だったものを挙げておこう。

・1990年1月、天皇の戦争責任に言及した本島等長崎市長が、右翼団体幹部に銃撃される殺人未遂事件が発生。昭和天皇の崩御後、右翼団体による抗議活動も終息したかに見え、市長側からの要請で県警が身辺警護を解除して間もなくのことだった。

・2003年7月、4歳の男児が誘拐され、性的暴行を受けたうえ、ビルの屋上から投げ落とされるという特異な殺人事件が発生。県警は事件現場周辺の防犯カメラ映像の解析などを行い、中1の少年を補導した。

・2004年6月、佐世保市の小学校で、6年生の女子児童が同級生の女子をカッターナイフで切り付け、殺害した事件が発生。

・2007年4月、伊藤一長長崎市長がＪＲ長崎駅近くの歩道で、市が発注する公共工事をめぐって恨みを抱いていた山口組系暴力団幹部の男に銃撃され、殺害される事件が発生。

・2007年12月、佐世保市のスポーツクラブで、インストラクターの女性に一方的に恋愛感情を抱いた会員の男が散弾銃を乱射し男女2人を殺害のうえ、6人に重軽傷を負わせる事件が発生。男に対しては、かねて近隣住民が銃所持許可を取り消すよう県警に再三求めていたことがのちに明らかとなり、その姿勢が問われた。

・2011年12月、三重県出身の元交際相手の男から執拗に付きまとわれていた習志野市に住む女性の西海市の実家が襲撃され、母と祖母が殺害される事件が発生。事件に先立ち、女性らは千葉、三重、長崎の3県警に相談していたが、たらい回しにされ、取り合ってもらえなかった。その果ての惨劇だったため、警察に非難が集中。3県警は連携不足を認める検証結果を遺族に報告し、謝罪した。

・2014年7月、佐世保市内のマンションで高校1年生の少女が後頭部を鈍器のようなもので十数回殴られ、ひも状のもので首を絞められ殺害されたうえ、首と左手首を切断され、その腹部が切開されるという猟奇的事件が発生した。県警は同級生の少女を逮捕した。

なお、問題視された散弾銃乱射事件時の本部長は、防衛省からの出向者であったため翌年帰任。一方、ストーカー殺人事件時の本部長だった入谷誠氏はのちに関東管区警察局長に就任している。

（人口135万人）

43 大分県警

民進党を隠しカメラで「監視」した県警の見識

15警察署、2400人体制（＝小規模県警）

別府温泉や由布院温泉といった名高い温泉で知られる地域を管轄し、事件と縁遠そうな県警だが、実は温泉が殺人現場となってしまった事件があったことは印象深い。

2010年9月、別府市で秘湯めぐりをしていた女性看護師が他殺体で見つかる事件が発生した。県警は女性の服に付着していた微量の唾液のDNAから容疑者を特定。2011年8月、別件の傷害罪などで公判中だった元暴力団組員を逮捕した。

また、最近では全国的に物議をかもした捜査もあった。

2016年8月、同年7月に投開票された参院選に際し、大分選挙区で当選した民進党の足立信也氏らの支援団体が入居する別府市の建物敷地内に、県警別府署員が選挙期間中、隠しカメラを無許可で設置し、人の出入りなどを録画していたことが発覚した。団体側は県警に被害届を提出。県警は、建造物侵入の容疑で関与した警察官4人を書類送検したが、大きな批判を浴びた。戦前の特高警察の復活というべき重大な事件だとの非難の声さえあがった。坂口正芳長官は9月、「このような不適正な捜査が行われたことは誠に遺憾」と声明を発表した。

にもかかわらず、時の本部長・松坂規生氏はテレビカメラの前での会見を拒み続け、火に油を注いだ。が、その後、警察庁の刑事企画課長に就任している。

（人口115万人）

44 熊本県警

「天下一家の会」の再現!?となった出資法違反事件

22警察署、3400人体制（＝大規模県警）

雲仙・普賢岳の火砕流や熊本地震など災害の多い地域を管轄している県警であり、そうした地域ならではと言えそうな事件も発生している。高利を謳って多額の資金を無許可で集め、詐取した事件である。

県警は2017年4月、出資法違反の疑いでタイに滞在していた女性を逮捕した。女性が集めた資金は7億円以上に上り、それをもとに派手な生活をしていたというが、その散財ぶりと同時に注目されたのが、ピラミッド方式の集金方法であった。奇しくもこの女性が居住する地域で、いまからおよそ50年前に発祥した日本最大のねずみ講「天下一家の会」に通じるものがあったからである。

この会は、災害被害などを念頭に九州地方で当時盛んに行われていた相互扶助的な民間の金融融資システムである頼母子講（一種の無尽）から着想を得て創設されたものだった。ピラミッド形式の連鎖投資によって高額の利益が生まれると強くアピールし会員は爆発的に増加したが、実態は詐欺に近く、配当を得られない人が続出。勧誘をめぐるトラブルなども表面化し社会問題となった。

最終的には、県警は手が出せず、熊本国税局が所得税法違反の容疑で会に対する強制調査を行い、熊本地検に告発したことで事件化した。しかし、その反省を生かし、今回の事件では被害届を受けると、迅速に対応した。

事件に適切に対応したと言えば、オウム真理教への捜査についても言える。1990年5月、オウム真理教は波野村に教団施設を建設する目的で同村の土地を取得した。これに対し、熊本県が国土利用計画法と森林法に違反しているとして、同年8月、県警に告発。県警は教団施設への強制捜査に踏みきり、教団顧問弁護士の青山吉伸をはじめ、教団幹部の早川紀代秀、大内利裕らを逮捕し、教祖の麻原彰晃の事情聴取を行うなど徹底的に捜査していたのだ。

しかしながら、熊本県警の捜査が警察全体で活かされることはなかった。もし、これをきっかけにその前年に発生していた「坂本弁護士一家殺害事件」が解明されていたならば、「松本サリン事件」も「地下鉄サリン事件」も、それから「都庁小包爆弾事件」なども起こらずに済んだのである。

そんな熊本県警だが、唖然とさせられるような不祥事が長年、見逃されていた。しかも、ハイテク捜査機器を使った捜査資料捏造という前代未聞の警察官による犯罪であった。

資料が不自然だとの県警内部からの指摘で事件が発覚したのは、2016年9月。捜査を行った結果、熊本北署の鑑識係長だった警部補が実績の評価を上げる目的で2010年4月から2016年9月にかけて指紋の自動識別システムで採取した容疑者の指紋を、事件の現場や証拠品から採ったように装って、偽造の捜査資料を県警本部鑑識課に提出していたことが明らかになった。その数はおよそ120件にも上った。

2017年3月、県警は警部補を証拠偽造の疑いで書類送検した。

なお、この事件当時の本部長は後藤和宏氏。このあと警察庁生活安全企画課長に就任。

（人口177万人）

45 宮崎県警

相次ぐ未解決事件、捜査対応の鈍さが指摘される

13警察署、2300人体制（＝小規模県警）

温暖な気候でプロ野球のキャンプ地などにもなっている地域を管轄している。気候柄というわけではあるまいが、捜査対応の鈍さや脇の甘さを感じさせる事件が目に付く。

たとえば、１９９４年3月、小林市で発生したオウム真理教による旅館経営者拉致事件。経営者の資産を目的に、オウム真理教の信者であった娘が経営者に睡眠薬を飲ませ、教団幹部と連携して東京都内の教団附属医院や山梨県内の教団施設に監禁した。翌4月、親族が警察に届け出たものの、宮崎県警はじめ警視庁、山梨県警は互いに管轄のなすりつけ合いをするばかりで取り合おうとせず、１年以上も放置。教団への強制捜査が行われた１９９５年３月以降になってようやく事件に着手したのだった。隣の熊本県警とは大違いである。

未解決の重大事件もある。

２００３年6月、宮崎放送（ＭＲＴ）が宮崎市内にオープンした商業施設「ＭＲＴミック」の出入り口付近でアルミ缶が爆発する事件が発生。犯人と見られる人物がゲーム喫茶で爆発物製造に関するサイトを閲覧していたことはわかったものの、身元や足取りはつかめず、現在に至っている。

また、２００９年4月、都城市でスナックを経営していた女性の遺体が同市の山中で発見された。女性が地元の有力政治家と産廃業者らの癒着を糾弾した翌日に失踪していたことから、岐阜県で発生した御嵩町長襲撃事件を彷彿させた。が、こちらも未解決。

２０１６年3月には、県公安委員会の決定とは異なる交通標識を35年以上掲げ、それに基づいて誤って交通違反を検挙してきたことも発覚している。

もっとも、こうしたことで本部長が深刻なダメージを受けたようなケースは聞かない。２

009年の未解決事件時に本部長であった相浦勇二氏も、その後、九州管区警察局長に就いている。

（人口109万人）

46 鹿児島県警

自白強要の志布志事件、婦女暴行冤罪事件

28警察署、3400人体制（＝小規模県警）

勇猛果敢と称され、警視庁には創設期からいまに至るまで優秀な警察官を輩出してきた「薩摩隼人の地」を管轄している県警。しかし、つぶさに見ていくと、その名を汚しているのではないかという側面が浮上する。

たとえば、強引すぎるというよりも、違法な捜査。2003年4月に投開票された鹿児島県議会議員選挙で当選した中山信一県議会議員の陣営が、志布志町（現・志布志市）の住民に焼酎や現金を配ったとして、中山議員とその家族、住民らが公職選挙法違反容疑で逮捕されたいわゆる「志布志事件」のことである。県警は白紙調書を取ったほか、自白を強要。また1年以上にわたる異例の長期勾留を行うなど違法な取り調べをしていた。関係者はその後、全員無罪となった。

冤罪事件もあった。

２０１２年10月、鹿児島市内で17歳の少女が暴行される事件が発生し、県警は元飲食店従業員の男性を逮捕した。男性は捜査段階から一貫して無罪を主張していたが、鹿児島地裁は女性の体内に残された精液に関して「ＤＮＡが微量で型の鑑定はできなかった」とした県警の捜査を全面的に認めて有罪判決を下した。ところが、控訴審で再鑑定したところ、ＤＮＡが抽出され、男性とは異なる第三者の型と判明。無罪が確定したのである。

呆れるようなハレンチ事件も引き起こしている。２００８年10月、川内《せんだい》原子力発電所の警戒警備にあたっていた原子力関連施設警戒隊所属の隊員が勤務中に抜け出し、出会い系サイトで知り合った17歳の少女とパトカー内で淫らな行為をしたとして、県青少年保護育成条例違反容疑で逮捕された。隊員は別の成人女性とも同様の行為に及んでいた。

２０１１年10月には、九州管区機動隊の訓練で福岡市を訪れていた県警巡査二人が、市内の居酒屋でアルバイト女性をトイレに押し込み、体を触ったとして強制猥褻の容疑で福岡県警に逮捕される事件も発生。同僚７人と飲酒中の出来事だった。

さらに、２０１６年11月、強姦事件を引き起こしていた男を県警に採用していたことが発覚。端緒は、同年10月に強姦容疑で福岡県警に逮捕されたことだった。事件当時、男は県警を退職していたが、この捜査で採取されたＤＮＡが２０１１年６月に鹿児島市内で発生した強姦事件のものと一致した。男はこの事件後に採用され、退職後にも事件を起こしていた累犯者であったわけである。

ところで、「志布志事件」当時の本部長であった稲葉一次氏はその後、関東管区警察局総務部長に就いていたが、2007年3月、漆間巌長官より厳重注意処分を受けた。そののち、警察共済組合本部理事を経て退職。不祥事は時に、キャリア形成に猛威を振るうようだ。

（人口163万人）

47 沖縄県警

「日米地位協定の壁」に翻弄されるが、長官・総監も輩出

14警察署、2900人体制（＝中規模県警）

米軍基地が集中する地域を管轄する県警。もちろん他県に比べ米兵の犯罪は多い。最近の県警のまとめによると、1972年の本土復帰から2014年までの米軍人、軍属らによる犯罪の検挙件数は5862件だった。凶悪事件は571件。737人が検挙されている。そのうち殺人事件は12件。性暴力も繰り返され、強姦事件は未遂を含めると129件に上る。

捜査には、「日米地位協定」という米兵特別待遇の壁が立ちはだかる。

象徴的な事例といえば、1995年9月に発生した米兵3人による12歳少女の拉致、監禁、集団暴行事件だ。県警は逮捕状を取って身柄を拘束し、取り調べようとしたが、米軍は地位協定を盾に、起訴前には引き渡さないことになっているとして拒否。身柄が日本側に移

されたのは結局、起訴後だった。

これに対し、県民は猛反発。県議会、各市町村議会なども同調し、米軍への抗議決議が相次いだ。同年10月には、事件に抗議する県民総決起大会が行われるに至った。こうした動きを受け、この直後、強姦など特定の場合においては容疑者の起訴前の身柄引き渡しを可能とする運用改善がなされたのだが、しかし、その後もあまり状況は変わらなかった。警察庁によれば、１９９６年以降に摘発された米兵の8割強が逮捕されず、不拘束で事件処理されているという。

背景にあるのは、日米地位協定に残る以下のような米国の優越だ。

《米国政府は、

(ア)犯罪が、死亡、生命を脅かす傷害又は永続的な障害を引き起こした場合には、当該要請に好意的考慮を払う。

(イ)それ以外の犯罪の場合には、当該要請に関して日本政府から提示された特別な見解を十分に考慮する》

「考慮」とする以上、絶対ではない。むしろ、主導権は米国にあると言うべきだろう。かくして、事件を起こした米兵が日本国内で逮捕されないケースが増え、強姦殺人のような凶悪事件でさえも身柄拘束できない場合も出てくる。

実は、最近も危ういケースがあった。２０１６年4月、うるま市に住む被害者の女性が強姦のうえ、殺害され、山中に遺体を遺棄される事件が発生した。県警は、日米地位協定の対象となる軍属を重要参考人として聴取ののち、逮捕したが、その間、躊躇があったとされる。オバマ米大統領が訪日する直前だったため、県警幹部が官邸の意向を忖度したからだ。

しかしその後、新聞等で軍属の存在が報じられたため、無事、逮捕に漕ぎ着けたのである。

県警には、こうした米軍の犯罪以外にも、課題が少なくない。米軍施設等を狙った諸外国の工作員や国内の過激派らへの対応などを迫られている。そんな事情があってか、本部長には優秀な人材が投入されるケースが多く、長官、総監も輩出している。（人口１４４万人）

警察キャリアの事件簿

第六章

警察キャリアはなぜ立件されないのか

警察キャリアについて語る以上、彼らの犯罪、不祥事にも触れておかなければなるまい。ひとたび警察が動けば、個人はもちろん大企業も、中央省庁のキャリアやその上に立つ政治家さえも相当なダメージを受け、場合によっては命取りになりかねないような事態に陥るのが世の常だが、その絶大な捜査権力を握る彼ら自身が当事者になった時はどうなのだろうか。

まずは、そこから始めよう。

実は、かねて付き合いのある警視庁捜査二課の捜査員は、会うたびに筆者にこんなことを口にしていた。

「役人で悪いことしている奴はいない？　金回りがいいとか、派手に女と遊んでいるとか。噂だけでも構わないから、耳にしたら教えてよ。みなし公務員というか外郭団体の奴なんかでもいいけど、できたら国家公務員。キャリアがいいね。挙げられたら、一生の勲章だよ」

この捜査員の頭には、かつて警視庁が逮捕した厚生事務次官のことがこびりついて離れないようであった。特別養護老人ホーム認可に絡んだ贈収賄事件のことだ。

「あれはいい事件だった。あんなのをやりたいね」

請われるままに、情報通の友人のキャリア官僚（警察キャリアではない）を紹介したこともあった。あとで聞けば、上司や同僚のことを交友関係や生活ぶりに至るまで根掘り葉掘り聞かれて困った、と言っていた。

「だってな、『誰それの銀行口座を開けてみるか。そうすりゃあ、一発だ。おかしなカネがあれば、すぐにわかる』なんて漏らすんだぜ。そりゃあ、まずいよ。一応はおれの知り合いなんだから」

捜査二課の刑事は贈収賄事件を求め、その兆候さえあれば、銀行口座の照会くらいのことはすぐにやる。そして、もしおかしな部分が認められれば、24時間体制の行動監視に移る。捜査を本格的に始動させるわけである。

ところが――。

これは、あくまでもほかの省庁のキャリアに限っての話。警察キャリアは含まれていない。例外扱いとされているのである。仮に捜査の網に引っかかろうとも、見て見ぬふり。告発があっても、表沙汰にはしない。警察キャリアの犯罪は秘されたタブーなのである。

事実、明らかに贈収賄を疑われ、それがメディアにも報じられながら、立件されない警察キャリアたちがいる。

しかも、事が発覚した後も長期にわたって警察機構に身を置き、のうのうと禄を食んでいた者さえ少なくない。

直近の事例では、こんなことがあった。

税金が投入される警察の業務等の発注で便宜を図り、見返りとして報酬を受けていながら、刑事罰を受けることのなかったキャリアがいたのである。

一連のやり取りの最中には、相手方の若い女性経営者と不倫関係も結び、破廉恥な行為を繰り返していたことも明らかになっている。

一般的に考えれば、贈収賄事件として捜査、立件されて当然の犯罪行為。汚職事件を担当する捜査二課の捜査陣が色めき立ってしかるべき事件だ。

しかし、この事件の場合、そうではなかった。

それどころか、まったく触れようとしない。恰好のネタが転がり込んできたじゃないか、と筆者が指摘しても、捜査二課の捜査員は黙殺した。自分たちのこととなると、貝になるのかと思いかけたが、過去には身内である捜査二課の捜査員を収賄で逮捕したことがあったから、そういうわけでもないらしい。

つまり、二課の捜査員が動かないのは、相手がキャリアだからなのだ。日々鵜の目鷹の目で汚職事件を探し、端緒があればすぐさま捜査して徹底的に追い詰める彼らを押し止めるのは、その威光にほかならない。

不倫相手から200万円を受け取り

捜査員を沈黙させたのは、A警視長だ。

京都大学法学部を卒業後、1995年に警察庁に入庁し、北海道警の公安第一課長や神奈川県警の外事課長を経て2011年には40歳を前にして島根県警のナンバー2たる警務部長に就任している。

この経歴を見ると、大規模県警の警備・公安畑の課長職を歴任し、組織内で将来を嘱望されたエリートだったことがわかる。

そんな人物のキャリアに影が差しはじめたのは2015年11月。A警視長は、警視庁交通部の総務課長の任にあった。交通関連機器を扱う業者らとの会合に出た際、その席で、交通安全のための反射材などを扱っていた会社の女性社長と名刺交換をしたのをきっかけに交際をはじめた。そして、妻と3人の子どもがいる身でありながら、12月には不倫関係を結ぶようになっていた。

その後、食事、デート、ホテルと逢瀬は続いた。費用は女性が負担した。A警視長は、密会の折には、女性の下着やストッキングを頭にかぶったり、靴の匂いを嗅いだり……。

その様子は写真誌『フライデー』に掲載され、白日の下に晒されることになる。2017

年2月のことだ。記事の中で女性は、飲食代やホテル代金のほかに、A警視長がタクシーで帰宅する際は毎回、現金2万円を渡すなどしていたとし、総額200万円以上も提供したと証言している。

また女性は、ホテルなどでの逢瀬の際に、警察庁内の不祥事や、伊勢志摩サミットに向けての警察庁の警備方針が書かれたノートを見せられたことも明らかにし、機密漏洩の疑いを示唆した。

だが、問題はこれに止まらなかった。当初、女性は公にはしていなかったが、実はA警視長の口利きで、警察からの仕事の発注を数多く受けていたのである。

まずは2016年3月、警視庁池袋警察署主催で開かれた「親子で学ぼう！　こうつうあんぜん」なるイベント。女性の会社は、実はタレント派遣や文具品の販売を主業にしていたのだが、このイベントはまさにそれに合致したもので、Sというアイドルタレントを起用して開催された。

そして、翌4月。警視庁のマークに加え、マスコットの「ピーポくん」のイラストを入れた「警視庁ノベルティノート」を制作。それから、同年6月には警視庁交通部と読売巨人軍とをコラボさせた「タックルバンド」を警視庁に納品している。

さらに、こんなこともあった。2016年7月、警視庁の交通安全イベントの発注先を選ぶ際、A警視長が女性の会社に有利な発言を行い、発注を働きかけたのである。このコンペに参加していたのは5業者。事前投票では女性の会社は3位であり、平均点にも及ばなかった。が、そのことを知らされた女性が「どうにかならないか」と依頼すると、「ちょっとやってみる」と応じた。そして、選考委員会のトップを務めた警視長は「今回は子ども向けを重視すべきだ」などと発言し、女性側の企画が選ばれるよう誘導したのだった。警視長は「1番にしておいたよ」と女性に報告したという。

このほか、警視長は交通総務課長を離れる2016年8月までに9件の便宜供与を行った。警視庁や東京都交通安全協会が関わったポスターやグッズの制作、イベントの開催などで女性の会社が仕事を受注できるよう助言したり、内部で働きかけたり、協会と調整したりしたとされる。

逮捕を免れ、ひそかに退職

離任後も、さらに便宜供与は続いた。

2016年10月、警視長は警察庁の犯罪収益移転防止対策室長に異動していたが、女性に頼まれ、警視庁管内の警察署に電話し、その警察署の管内で開催されるイベントに警察署として参加するよう求めたのである。女性がこのイベントにかかわっていたからだ。要請を受けた警察署は翌月、イベントに参加し、交通安全教室を開いた。なお、その際にはA警視長自身が会場に顔を見せていたともいう。

また、同年11月、警察庁に出向経験があり、顔見知りであった徳島県警の警察官に連絡を入れ、女性の会社が営業にかかわっているタレントを県警のイベントなどで起用できないかと依頼。同月下旬、このタレントは交通安全を推進するイベントに出演している。さらに、同年12月には福岡県警にも電話を入れ、同様の依頼をした。

県警は県庁に働きかけ、県は翌年2月の飲酒運転取り締まり期間に配るグッズのキャラクターとして、このタレントを起用したのである。

これら以外にも6件の仕事で便宜を図ってもらったと女性は証言している。

すべてを合わせると、A警視長は女性と知り合って以降、20件にも上る便宜供与を行っていたことになる。これに伴い、警察からの発注で多額の税金が費消された。

こうしたことが明るみに出るに及んで、警察庁はようやく動き出した。A警視長を警察庁長官官房付として留め置き、10ヵ月にわたって調査を行ったのである。だが、その結論は発注の手続きに問題はなく、警視長が便宜を図ったことはなかった、というものであった。

かくして、A警視長は逮捕を免れ、不適切な交際関係などについてのみ責任が問われ、停職処分を受けたのだった。

A警視長は2017年12月、退職した。

＊以下の写真等は女性の会社のＨＰより抜粋したもの（現在は削除）

警視庁 x 読売巨人軍
2016 年 6 月 16 日
警視庁 X 読売巨人軍とのコラボレーション
巨人戦・東京ドームにて配布したタックルバンドを作らせて頂きました。

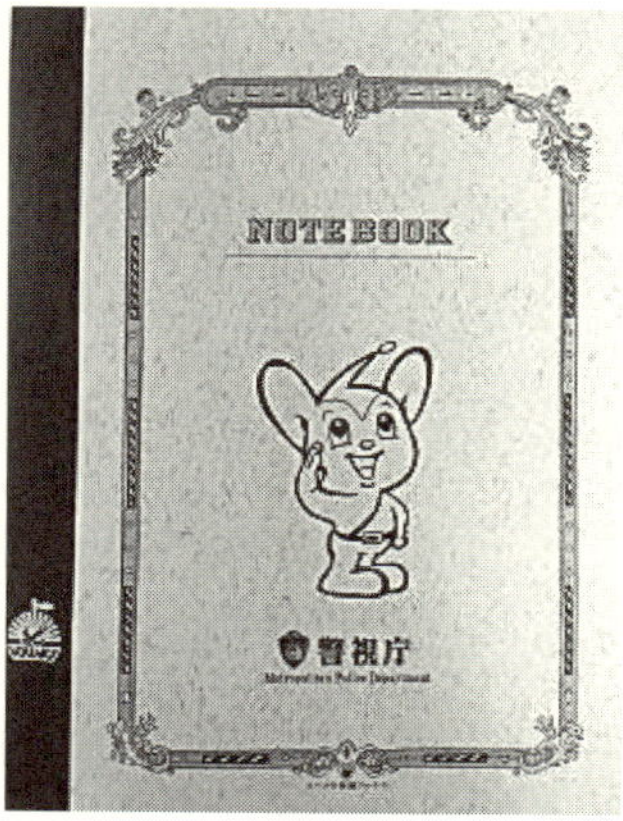

警視庁様ノベルティノート
2016 年 4 月 20 日
警視庁様ノベルティノートはコメントを受け付けていません。
ピーポーくんコラボのツバメノートを作らせて頂きました。
警視庁様のマークも入り、格好良い一冊に仕上がりました。

パチンコ業者や芸能人とド派手な交遊

たびたび逮捕説が流れたものの、最後は辞職することでそれを免れたキャリアもいる。2013年10月、停職処分を受けたY警視正である。

同警視正は東大法学部卒業、1991年に警察庁に入庁し、3年後の1994年には兵庫県警交通規制課長となり、警察庁地域課課長補佐などを経て、2007年、重要ポストとされる警視庁広報課長に就任。順調にキャリアを重ねてきた。が、広報課長時代に女性問題を引き起こし、警察庁に栄転した直後に左遷され、2010年、関東管区警察局広域調整第一課長に転属となった。

また、この当時、パチンコ業者や芸能人らと派手に交遊していたことや、知人らから多額の金銭を無担保、無利子で借り、それを仕手株に注ぎ込んでいたことなどの告発もなされていた。インサイダー疑惑も提示された。

「同じ頃、贈収賄の告発もあった」

と、さる警察幹部は明かした。しかも、一件や二件では済まないというのであった。

「A警視長と同じような口利き電話を、警視庁管内の各警察署に入れており、その見返りに六本木や麻布などの高級クラブで接待を受けたり、株取引資金を借りたりしていたという内容のもので、実際、電話を受けた者に確認してみると、事実であることが判明した。また、捜査情報の照会などもしており、見返りを受け取っていたこともわかった」

　だが、警察キャリアの存在を汚すわけにはいかない。逮捕することはおろか、懲戒などの処分すらできなかったというのだ。

　警察幹部が語る。

「キャリアの問題だから、警察庁長官や次長にも報告が上がったが、どうにもできない、と頭を抱えていたようだ。あとは本人が辞職してくれることを待つしかない、と人事面での冷遇で対応するほかなかった」

　実際、Y警視正は2013年、今度は関東管区警察局よりも規模の小さい四国管区警察局の警務課長へと異動。階級は警視正のままであった。

　ノンキャリアが同じようなことをしようものなら、即刻逮捕なり懲戒免職は免れないが、軽微なミスや不祥事を起こした場合、こうした人事が警視庁などでもまま見られる。「衛星状態」とひそかに呼ばれているものだが、本庁から警察署に転属させられ、人事異動の時期が来ると、本庁には戻さず、階級はそのままに別の警察署に送られるのである。自ら辞めてくれ、と暗に言っているのだ。

　警察庁もそれと同様の手段に出たわけだが、当人にその気はまったくなかった。

「辞めたら終わり。食えないもの」

Y警視正は周囲にそう漏らしながら、相変わらず、繁華街に出没し、株取引も盛んに行っていたという。

そんな最中、Y警視正が情報提供や相談の見返りに金を借りたり、接待を受けたりしていた大手企業の元会長が特別背任の容疑で逮捕されたのである。それを機に、その交遊ぶりが週刊誌で報じられるなどしたが、これに人事院の国家公務員倫理審査会が反応。警察庁に調査を迫った。

こうなると、警察庁もかばいきれず、重い腰を上げざるを得なかった。2013年3月のことである。

「警察庁長官官房付にして東京に戻して、本人からの聞き取りをする形を取ったが、実際はもう違反行為、犯罪行為などはしっかり押さえていた。適当な時間をおいて、当人から辞職の申し出があるのを待とうというのが本音だった。ところが、なかなかそうはならない。本人が粘った。で、最後は、辞めないなら事件にせざるを得ない、と言って事を収めたというのが真相だ。新聞報道ではそうなってはいないが」

前出の警察幹部は、そう語った。

「深く反省している」

当時の新聞にはこんな記事が出ている。

《警察庁は10日、勤務時間に株取引を繰り返していたとして、キャリア職員のY警視正（45＝原文では実名）について国家公務員法（職務専念義務）違反で停職1ヵ月の懲戒処分にした。Y警視正は今年3月、四国管区警察局警務課長から本庁官房付に異動となっていた。「信用取引にのめり込み、株価の動向が気になってやった。深く反省している」と話し、近く辞職する意向を示しているという。

Y警視正は1991年入庁。同課長だった2010年3月～今年3月、公用パソコンなどで約3900回株を取引。多い日で48回も売買し、売買総額は8億3000万円に上った。「04年ごろに始め、05年ごろから信用取引をするようになった」と説明しているという》（毎日新聞電子版　2013年10月10日付）

贈収賄に関わる部分はすべて闇に葬られてしまっているのだ。

事実上の懲戒免職ではあったものの、逮捕は免れたのだった。

相次ぐ不祥事

闇に葬られたと言えば、キャリアに近い存在とされる準キャリアの殺人未遂事件もあった。2017年3月のことである。

「まずいぞ、こんな時期に」

警視庁から入った連絡に、警察庁は困惑した。

この時期、警察庁は2月に発覚したばかりのキャリアの不祥事の対応に苦慮していたからだ。先に述べたA警視長のことである。そんな最中に警察庁の幹部が、今度は警視庁管内で殺人未遂事件を引き起こしたというのだった。

事件の被疑者は、関東管区警察局の50代の警視正。警察庁の地方機関であり、関東甲信越地方9県と静岡県警を監察・指導し、県警の不祥事などを防止する部局だが、その幹部が自宅で妻の首を絞め、殺害しようとしたというのである。

その際、妻は抵抗し、警視正に怪我を負わせ、着の身着のまま自宅から出奔。通りをさまよい歩いていたところをパトカーに発見され、事件が発覚した。犯行現場となった自宅を管轄する警視庁大塚署は、妻から事情聴取のうえ、殺人未遂容疑で捜査を開始したのである。

ところが、詳しい事情聴取をし、また裏付け捜査も行ってみると、こんなことが明らかになった。

「事件のきっかけは、こどもの教育問題で、奥さんが厳しい懲罰を与えたことに旦那が介入。その際、激高した奥さんが旦那の手首に噛み付いて負傷させるなどしたため、旦那も反撃。つかみ合いとなり、その最中、首に手が伸びるようなこともあったというのが事件の経緯だったのです」

捜査関係者はそう語った。

初報からしばらくしてこの報告を受けた警察庁は、胸をなで下ろした。これならば、穏便に処理できそうだ――そう判断を下したのである。大塚署にも、その方向で処理するよう指示を出した。これを受け、大塚署は激しい夫婦喧嘩と断じ、双方で話し合って解決したらどうかと勧め、事件化を見送る方向に舵を切ったのである。

しかし、どうあっても妻は刑事告訴すると譲らなかった。そうこうする間に、別の問題も発生した。前述した警察庁の中村格組織犯罪対策部長（当時）の問題だ。政治におもねり捜査に介入したのではないか、と大問題になったのである。

相次ぐ不祥事に頭を抱えた警察庁は、次善の策として穏便な処理を図ることにした。その結果、大塚署は罪名を傷害に落とし、しかも双方ともに書類送検する形でひっそりと幕を下ろしたのだった。２０１７年7月のことである。公表はいっさい、しなかった。

この処理についてはさすがに警察庁内からも、「おかしい」との声があがった。れっきとした刑事事件だからだ。

しかも、この警視正には「前歴」もあった。県警の部長という要職にあった時期に、部下の女性警察官を酒席に執拗に誘ったとして異例の処分を受けていたのだ。が、こうした批判もやがて圧殺され、事件には蓋がされてしまった。これまたノンキャリアであれば、考えられないことである。

第七章

変わりゆく警察キャリア

裏金問題という悪しき伝統

警察、そしてそれをリードする警察キャリアが誕生して1世紀余り。

戦前においては、政治色が強く、その圧倒的な情報力と捜査力をもって日本社会の隅々まで把握し、戦争へと駆り立てるうえで重要な役割を果たした。が、戦後、GHQ指導のもとに民主化の道が示されると、組織のあり方やキャリア制度こそさして変わりはしなかったものの、徐々に政治と距離を置き、市民を守る警察へと変貌を遂げていった。

今日、日本が世界に冠たる平和社会であるのは、市民一人ひとりの倫理観なり道徳観があってのことだが、警察のこの変貌が大きく寄与したことも間違いない。警察キャリアの多くも絶大な権限の見返りに、それを行使するに当たっては、市民以上に厳格な倫理観、道徳観を持ってきたとも言え、その結果、信頼できる〝市民の警察〟ができあがったのである。

もちろん、問題がないわけではない。

過去を振り返れば、大問題も少なくない。GHQに対する配慮から米兵の犯罪を野放しにしたこと、民事不介入の方針を盾に暴力団犯罪などを放置したこと、不祥事の組織的隠蔽、裏金問題、ストーカー事件等における怠慢や失態……。

それでも、米兵や暴力団の犯罪については、時代の流れとともに市民警察としての意識が確立され、次第に解消されていった。問題は、不祥事や裏金問題などであった。

この宿痾《しゅくあ》は、２０００年に入る頃まで改善されることはなかった。筆者がこの赤裸々な実態を知らされたのは、１９９９年のことだ。捜査で自腹を切らされる捜査員がいる一方、派手に飲み食いしたり、蓄財したりしている幹部。その彼我の差に義憤を感じて、さる警視庁幹部が告発を寄せたのである。証言のほかに、捜査費請求のための架空領収書、会計検査院の検査をいかにしてかいくぐるかのテクニックをまとめ想定問答集まで付けた「極秘」とされるマニュアルなども提示された。警察庁のものをはじめ、警視庁ほかいくつかの県警のものも含まれていた。

告発を受けた直後、これらの資料と合わせ、裏金の実態についてレポートをまとめ、警察庁、警視庁を指弾した。

同時期に、警視庁ＯＢらによる赤裸々な証言なども飛び出したが、キャリアたちが立派であったのは、これらを真摯に受け止め、完璧とは言えないものの、それなりに対処したことである。

「現場に捜査費が下りてくるようになった。これからは、部下に捜査協力者への手土産代や深夜のタクシー代など、自腹を切らせなくて済むようになる」

間もなく、裏金を告発した警視庁幹部からそう聞かされた。悪しき習慣はおおよそ改められ、裏金は姿を消すようになった。問題の本質をごまかし、玉虫色にしたまま時の経過を待ことが慣例のような政治家たちよりもよほどましであった。

市民生活を脅かすストーカー事件等における怠慢や失態、暴力団との癒着や情報漏洩といった不祥事などについても、泥縄式のようではあるが、対応策を練り、意識改革にもあたっている。

「仲間内よりも警察のほうが信じられる」

とは、旧知の暴力団幹部の最近の言である。隔世の感があろう。

こうして改めて振り返ってみた時、キャリアたちがその絶大な情報力と捜査力をどこに向けるかで警察組織も日本社会も大きく変わっていくことがわかる。

人事の独立が侵されている

ところがいま、危険な兆候が見え始めてきたのである。

独立不羈《どくりつふき》を誇ってきた警察庁の伝統が崩れつつあるのだ。

制度上の話ではない。その点で言うならば、むしろ確固たるものがある。まず、警察庁には、ほかの省庁と違って大臣・副大臣・大臣政務官のような政治家ポストはない。警察行政の民主的・中立的運営を保つため、内閣府の外局である国家公安委員会が管理に当たることになっており、その実務においては警察主導が確保されている。委員長こそ政治家の国務大臣だが、ほかの5人の委員は政治家ではなく、会務全般は警察庁長官官房の職員により行われている。

さらに、先にも記したが、独立性、自立性を保つ観点から、内閣人事局が設置された際にも検察庁、人事院、会計検査院とともに警察庁は適用の対象外とされているのである。

つまり、警察庁は創設以来、今日に至るまでその独立性と自主性が尊重されてきているわけだが……。

「現実はそうなっていない」

と警察幹部は言う。そして、その根拠として幹部人事に対する閣議了解を挙げ、こう語った。

「警察庁人事を含め、内閣人事局の査定対象外となったところがまったくノーチェックで、すべてそのまま閣議で了承されるとは思えない。閣議に出席する閣僚らはそれぞれの組織の内情に通じているわけではないので、人事を行うにはその下準備が必要であり、当然、官房長官がそれを行っている。もっと言えば、アンダーテーブルで官房長官が官房副長官や秘書官らにチェックをさせるなり、資料を基に協議するなりしているはずだ。これに、役人情報が豊富な内閣人事局長が加わっている可能性も十分にある。

また、協議の概要は総理にも事前に報告されていることだろう。でなければ、官房長官の独断ということになりかねないからだ。要するに、実態としては内閣人事局の人事と変わらない。政治主導というか、その影響下にある」

内閣人事局が設置されて以降、大多数の省庁の幹部人事は、官房長官、官房副長官それから内閣人事局長によって構成される人事検討会議を経て、総理大臣と官房長官による任免協議が行われ、そののち閣議了承を得て決定されることになったが、この警察幹部が言うような水面下の動きがあるとすれば、例外とされる警察庁とて実態に変わりはないことになる。

かくして、伝統に綻びが現れてきたのである。

政治へのおもねりは、これまでもなかったわけではない。政権で重用されたキャリア、とりわけ総理大臣秘書官経験者などが優遇されたこともある。

だが、最近の「おもねり」具合は異常だ。前述した栗生氏や中村氏はその顕著な例だろう。

しかも、中村氏は先輩を跳び越して総括審議官に栄転。栗生氏も警察庁長官に就任している。

「まるで論功行賞のようだ」

とキャリアたちの間でささやかれているが、そうした人事がより一層、政治へのおもねりを生み出す傾向に拍車をかけている。公正であるべき捜査に手心が加えられ、極秘であるべき捜査・公安情報——企業情報、個人情報などが例外的に漏らされ、特定の者に利益あるいは不利益をもたらすような政治利用が公然化しつつあるのだ。

政権側もそれを見込んで、あえて人事介入をにおわせている気配もある。

官邸詰めの記者がこんなことを明かす。

「政権幹部はしきりと警察の人事について話題にしています。最近など、『中村と同期の露木（康浩）も優秀だ。内閣でもずいぶんいろいろやってもらった。あの二人は、いずれも長官にしないとな』とあからさまなことを言っていました。官房長官秘書官を務めて高い評価を得て、ものすごい勢いで出世した中村氏は言うまでもありませんが、露木氏も内閣法制局に数年出向していたことがあり、政治に理解があると見られているのではないでしょうか」

官邸で重用される警察キャリア

また、キャリア人事に通じる警察幹部は、安倍首相の秘書官を務めている大石吉彦氏について語った。

「2012年からですから、5年以上も仕えているわけです。ずいぶん重宝されているのでしょう」

実際、大石氏は総理大臣秘書官としての職務について、2015年に警察庁の採用パンフレットにこんなコメントを寄せている。

《私は、治安、司法、防災、地方行財政、分権改革、沖縄振興、皇室関係、憲法問題など内

政の幅広い分野を担当していますが、それに加え、大災害、テロ、武力攻撃事態、サイバー攻撃といった緊急事態への対処、インテリジェンスなど、危機管理全般を担当しています。そのため、24時間３６５日、事案発生時、直ちに総理に報告し、官邸に駆けつける態勢をとっています。

国会審議中でも、直ちに総理にメモを入れ、その場で総理の指示を仰ぐこともあります。総理の国内出張には、常に同行して緊急連絡・帰京や初動措置を迅速に行う態勢をとっています。既に50を超えた諸外国への訪問にも適宜随行します。総理外遊中に発生した、平成25年1月のアルジェリアでの邦人テロ事件の際には国内で、本年1月のシリアでの邦人殺害テロ事件の際には中東の現地で、それぞれ初動対応に当たりました。こうした、事案対処に際しては、官邸の危機管理に関する枢要な役職（内閣官房副長官（事務）、内閣危機管理監、内閣情報官、内閣官房長官秘書官等）に、警察庁出身者が配置されていることが特に重要な意味を持ちます。情報の収集分析や事案への対処に関し、実体験に基づくバックボーンを共有する者が対応することで、迅速な対応が可能になるのです》

小泉首相を支えた小野次郎氏の話と重なる部分が多々あって興味深いが、これを見ると、その当時よりも警察庁の存在がより大きくなっていることがよくわかる。政権幹部が警察人事を重視するのもうなずけよう。

そこで、気になるのが大石氏の今後だが、警察幹部はこう言うのだった。

「同期が政権に覚えのめでたい中村氏や露木氏ですからね……。他方、ほかの同期はこの間、県警の本部長や警視庁の部長などを経験し、キャリアも積んできています。それらを総合してみると、彼の場合、こうしたステップを踏まずに局長あたりで栄転して帰任。で、一区切りということではないでしょうか」

政治主導の人事がもはや既定路線となっているかのようだ。

こうした状況がさらに事態を悪化させてもいる。枢要人事への政治介入を期待しての暗闘が過熱しているのだ。長官ひいては官房副長官を視野に入れた熾烈な争いは、実は二章で記したもので終わりではなく、さらに続いたのである。

以下がその顚末だ。

告発された大幹部

２０１７年11月末、年明けにも長官に就任すると見られた栗生氏の海外出張のすきを突くように、新たな怪文書が警察関係者らに送り付けられた。不在の同氏に代わって、総括審議官に昇進した中村格氏が対応したが、その後も怪文書は途切れることなく、何度も送付されたのだった。

中身は、栗生氏が政権幹部のひとりから紹介を受けたパチンコ関連業者から盆暮れの付け届けをもらっていたうえ、高額の飲食や賭け麻雀による金銭供与などを受け、その関係者が開発・推進してきたシステムを認可したというものだ。

この認可は従来の警察庁の方針を覆すものであったが、カジノ法の制定を機にギャンブル依存症対策の必要性が浮上するなか、警察庁は急遽、方針転換した。

ギャンブル依存症対策の一環として、栗生氏主導でパチンコの出玉を抑制する風俗営業法施行規則を改正し、このシステムを承認したのだった。

承認に先立っては、これと対抗する別のシステム開発業者と警察庁OBとの癒着がメディアに暴露されるなどの事件も起こっていたため、怪文書は大騒動を巻き起こした。金銭などの供与を受け、見返りに便宜を図ったという贈収賄事件の構図が成り立つためである。

警察庁のさる幹部がこう明かした。

「怪文書によれば、栗生氏はこの業者から過分な接待を受けていたとされる。しかも、情報収集をすると、女性絡みでこの業者に面倒を見てもらっていたとの話も出てきた。すべての費用を合算すれば、結構な金額になる。そして、こうした供与を受けている最中、職務権限を行使し、生活安全局に指示してこの業者のシステムを採用したとなれば、すぐでも立件できる。まさか長官に内定している最高幹部を対象に捜査はしないだろうが、国会や政府が黙っているか……」

この指摘を裏付けるかのように、12月後半にはまず国家公安委員会が問題視。ついに監察部門が重い腰を上げ、パチンコ関係業者らから事情聴取まで行ったという。だが、政権の施策にもかかわることでもあり、この場においては、そのまま蓋がされてしまった。

一方、怪文書の一部は週刊誌に流出したものの、こちらも不発。黙殺して記事にしなかったケースや、中途半端な記事でお茶を濁したようなことが相次いだ。監察部門の事情聴取の際、「どこも書けやしない」との発言が関係者からあったというが、まるでこうした事態を見越していたような展開だった。

なぜなのか。これについては、警察の側からすら疑問の声が上がったが……。

「編集長らに毒が回っている。栗生氏と親しいうえに、業者とも交流があって飲食をともにし、賭け麻雀なども一緒にやっているからだ」

別のキャリアはそうぶちまけ、憤った。が、こうしたことも含め、すべて闇に葬り去られたかに見えた。

ところが、追撃の手は緩まなかった。年が明けると、別の怪文書が現れたのである。安倍首相、麻生副総理らと昵懇のＴＢＳ支局長の準強姦事件に際し、逮捕状の執行を止めたとして非難を浴びた中村氏の背後には実は栗生氏がおり、その措置を承認するかのような発言をしていたと指摘するものだ。そして、怪文書はこう続けている。

《栗生次長は、何故このような発言をしたのか？　それは紛れもなく手下の中村イタルの救済で有る！》

一連の怪文書の対応に当たってきた中村氏も含めて、糾弾しようという構えだ。

「中村氏の件のほうが政権に直結し、わかりやすい。ふたり諸共に（告発する）ということだろう」

と前出の幹部は言うのだが、怪文書攻撃はこれで終わりではなかった。ほぼ同時期に、パチンコ関係業者の怪しい人脈に関する情報も流布されたのである。

暴力団や右翼らと親交があり、北朝鮮や中国とのパイプもあって公安にもマークされている人物と親戚だというのである。場合によっては、システムが認可され、多額の利益を得るパチンコ関係業者の資金が北朝鮮に供与される可能性も浮上するため、こちらは北朝鮮と対峙している官邸を巻き込んでの騒動となった。

内閣官房がすぐに動いた。役人の人事に関わる内閣官房令の規定に基づき、公安警察に指示を出し、事実関係の調査に入らせたのだ。

すると、次のようなことが確認された。

・２０１７年9月12日から14日にかけて、シンガポールで開催された「第37回ＡＳＥＡＮ警察長官会合（ＡＳＥＡＮＡＰＯＬ）」に出席した際、栗生氏がＩＲ（カジノを中心とした統合型リゾート）視察の名目でカジノで遊興したこと

・米大統領も訪れたことのある高級ステーキ店などでパチンコ関連業者らからたびたび接待を受けていたこと

これらは、証拠付きの怪文書――中身からすると、告発状といったほうがふさわしい詳細なもの――にも記されていたことだが、内閣官房はそれらを改めて把握したわけである。

警察内部から出たとしか思えないシンガポール訪問の日程表の流出も問題視された。警察庁内に視察を問題視していた者がいると見られたからだ。

こうした情報が拡散するなか、2月に入ると、人事院の国家公務員倫理審査会も動きはじめた。

利害関係者からの付け届けや接待等の釈明を求めるとともに、シンガポール訪問時の費用の詳細や行動内容の開示も要請したのである。

「事実だと確認されれば、国会などで問題になる以前に、栗生氏は早期に更迭されるかもしれない」

キャリアの間では、そんなことがささやかれるようになったのである。

他方、これをほくそ笑むように見ていたキャリアもいた。

「これで官房副長官の目はなくなる」

と漏らしたというのだ。

政治との異常接近の弊害

以上が暗闘の続編だが、これを見ると、やはりと思わざるを得ない。一連の動きの焦点にあるのは、官房副長官の座である。内務省再興の目論見を懸念したキャリアＯＢの証言も想起された。

「かつての栄光をもう一度、わが手にしたいという野望がいま明らかに見て取れる。警察庁長官にしろ、内閣官房副長官にしろ、人事をめぐる暗闘はこうした野望を実現させるためのものではないかと危惧される」

警察はいま、変容しつつあるのかもしれない。

もっとも、政治と警察をめぐるこうした異常なまでの接近を目の当たりにして、反発するキャリアもいる。

「あまり出世できなくてもいい。それよりも、下手な政治介入は避けたい。断ってもクビになるわけじゃあるまいし、一警察官として、一警察官僚として毅然としていきたい」

と言うのだ。そして、このキャリアはこんな指摘もしたのだった。

「それにしても、おかしい。いつの間にか、人事制度が変わってしまったかのようだ。それを前にして、みんな戸惑っている。『もはや、警察人事に王道はない』『このままいくと、出世のコースが見えない』——そんなことを言って嘆くキャリアが圧倒的に多い」

制度上は自律性、独立性が保たれているはずの警察庁人事だが、政治家だけでなく、キャリアの意識において、もはやそれが有名無実になりつつあるようだ。

このままいけば、警察キャリアたちはおもねり集団と化し、日本最大の情報機関であり、捜査機関の根幹が揺らぐ事態になりかねない。

その結果、民主的で平和なこの社会が不正や腐敗、差別や排除のはびこる時代に逆戻りしてしまう恐れもある。主権者たる国民がないがしろにされ、一部の政治家、権力者の意のままに国家運営がなされる社会だ。

警察本来の使命、職業意識に立ち返って、政治との距離を再考する時である。

政治にそれは期待できまい。

あとがき

日本社会のあり方に大きく影響を及ぼす警察がいま変容し、劣化しつつあるかのように見える。根底にあるのは、俊英たるキャリアたちの迷走だ。

本書を締めくくるにあたって問題の構造を整理し、その処方箋を探してみたい。

まず構造だが、簡潔に表すとこうなる。

〈圧倒的な権力・権限→驕り、不祥事、捜査の歪曲、情報の流用→政治へのおもねり→内務省再興の野望〉

つまり、根源はキャリアの持つ圧倒的な権力・権限に求められる。これには情報力や捜査力に加えて、ノンキャリアや中堅幹部以下に対する人事権も含まれている。人事権があるからこそ、圧倒的な情報力と捜査力を行使できるのである。そして、この力こそがキャリアに万能感を与え、私事に始まり公的な部分にまで「自分が判断するのだから」「このくらいなら」……といった驕りを生じさせていると見られる。不祥事も、政治へのおもねりも、これに端を発している。ある意味、政治はそこに目を付けたとも言える。

他方、この万能感は途轍《とてつ》もない野望も生み出しかねない。官房副長官のポストをめぐる争いの根底にはそんな影が見え隠れしている。以上を踏まえると、処方箋のキーとなるのは、圧倒的な権力・権限に対抗する力なり、思想なり、制度ということになろう。

本質論からすれば、思想であり、精神論だ。小野氏が言うように国家を背負う役人としての原理原則論をもって、あるいは池田氏のように現場重視の姿勢で臨み、そこに道徳観が加われば、言うことはない。

だが、ことはそう簡単ではない。

となると、物理的な対抗手段の必要性も出てくる。平沢氏の提言のように対抗できる力として、もうひとつの情報機関を作ってはどうか。打開策として有効だ。海外情報を収集し、それを外交、国政に生かせるという点でも重要である。政府、国会で一考してほしい。

しかしそうはいっても、新しい省庁を作ることは予算の制約もあり、容易ではない。

そこで、別の試案も示しておきたい。民間の社外取締役会ではないが、管区警察局長やそれに相応するポストを務めた警察キャリアで、現状であれば辞職を余儀なくされている者たちで構成される諮問会議のようなものである。

位置づけは長官直轄の機関。任期は4〜5年を目安とし、その後の外郭団体への天下りは禁止。そのまま引退できるような仕組みにする。活動内容は、シンクタンクとして政策研究を行うほか、庁内や民間からの情報提供や相談も受け付け、改善提案や提言を行う一方、幹部人事についての評価なども行い、それぞれ報告書を作成し、長官に提出。ただし、報告書には強制権はなく、あくまでも参考意見に止める——というものだ。

もはや現場を離れ、昇進も天下りもないという立場であれば、公正中立な評価や提言が可能となり、報告書などの形でまとめられれば、おかしな政策や人事の歯止めにはなる。政治介入の余地もはるかに減ると見られる。また、外郭団体への天下りをなくせば、不必要な団体は整理でき、税のムダも省けるというメリットもある。

こうした仕組みを全省庁的に広げることで、より公正で効率的な行政が可能になるようにも思われる。ともあれ、できる限り実現しやすそうな形で、制度改善をすべき時である。ただ、こうした提案と同時に、思想、精神論を現代に蘇らせるにはどうしたらいいのか、という思いが脳裏をよぎる。

筆者が敬愛したかつての警察官たち――キャリアよりもノンキャリアのほうが多いが、彼らが育んできた健全な警察文化、それを具現していた警察組織のあり方とともに。

過日、たまたま土田國保氏に関する話を耳にした。氏の日記が、某所に秘蔵されているというのである。ところが、警察の伝統として職務上知り得たことは墓場までという暗黙のルールがあるため、残念ながらいまなお門外不出扱いになっているというのだ。

伝説的な警察キャリア官僚の土田氏が何を書き残したのか、ぜひ読んでみたいものだ。

理想という言葉があまり聞かれなくなった時代にあって、警察も変容しつつあるいまこそ、必要とされているのではないか。

◆参考文献

警察白書
都道府県警ＨＰ
都道府県ＨＰ
外務省ＨＰ
人事院ＨＰ
新聞各紙
ブリタニカ国際大百科事典（ブリタニカ・ジャパン）
『官吏・公務員制度の変遷』（日本公務員制度史研究会編著　第一法規出版）
『戦後日本の国家保守主義　内務・自治官僚の軌跡』（中野晃一著　岩波書店）
『岩波講座　日本歴史20　近代７』（岩波書店）
『講座警察法』（立花書房）

時任兼作　ときとう・けんさく

慶應義塾大学経済学部卒。

出版社勤務を経て取材記者となり、各週刊誌、月刊誌に寄稿。

カルトや暴力団、警察の裏金や不祥事の内幕、情報機関の実像、中国・北朝鮮問題、政界の醜聞、税のムダ遣いや天下り問題、少年事件などに取り組む。

著書に『「対日工作」の内幕　情報担当官たちの告白』（宝島社）がある。

特権《とっけん》キャリア警察官《けいさつかん》

日本《にほん》を支配《しはい》する600人《にん》の野望《やぼう》

二〇一八年五月二九日　第一刷発行
二〇一八年六月二二日　第二刷発行

著者　時任兼作《ときとうけんさく》

発行者　渡瀬昌彦

発行所　株式会社　講談社
東京都文京区音羽二丁目一二―二一　郵便番号一一二―八〇〇一
電話〇三―五三九五―三五二二（編集）
〇三―五三九五―四四一五（販売）
〇三―五三九五―三六一五（業務）

印刷所　大日本印刷株式会社

製本所　株式会社国宝社

本文データ制作　講談社デジタル製作

定価はカバーに表示してあります。
落丁本・乱丁本は購入書店名を明記のうえ、小社業務あてにお送りください。送料小社負担にてお取り替えいたします。なお、この本の内容についてのお問い合わせは、第一事業局企画部あてにお願いいたします。

ISBN978-4-06-511941-9